KB247752

숫자에 신뢰를 부여하는
공인
회계사

청소년들의 진로와 직업 탐색을 위한 잡프러포즈 시리즈 83

숫자에 신뢰를 부여하는

공인
회계사

CERTIFIED
PUBLIC
ACCOUNTANT

전태웅 지음

CPA

TALK SHOW

"
아무것도 하지 않으면,
아무 일도 일어나지 않는다.
"

- 기시미 이치로

"

신뢰는 우리가 숨 쉬는 공기와 같습니다.
있을 때는 아무도 눈치채지 못하지만,
없을 때는 모두가 그 부재를 느낍니다.
Trust is like the air we breathe.
when it's present, nobody really notices.
But when it's absent, everybody notices.

"

- 워런 버핏 Warren Buffett

C·O·N·T·E·N·T·S

공인회계사 전태웅의
프러포즈

안녕하세요, 청소년 여러분.
저는 공인회계사 전태웅입니다.

초등학교 시절 제 친구 중 한 명은 "내 꿈은 경제학자야"라고 당당히 말하고 다녔습니다. 어린 나이에 경제학자를 꿈꾼다는 건 매우 구체적이면서도 흔치 않은 일이었습니다. 저는 그때 경제학자가 무슨 일을 하는 사람인지조차 잘 알지 못했지만, 어린 시절부터 뚜렷한 목표를 세우고 준비하는 그의 모습이 참 부러웠습니다.

저는 청소년기에 그림을 그리는 일을 하고 싶었지만, 색약이어서 미술의 꿈은 포기할 수밖에 없었습니다. 이후 여러 직업을 고민했지만, 뚜렷한 방향이 없었고 부모님조차 "태웅이는 나중에 뭘 하며 살까?” 하고 말씀하실 정도였습니다. 결국, 저는 주어진 공부에 성실히 임하면서 시간을 보냈고, 대학 4학년이 되어서야 진로를 정할 수 있었습니다. 그마저도 전문직 시험이라는 큰 관문을 넘어야만 가능한 길이었습니다.

하지만 중요한 건 ‘언제 꿈을 정했는가?’가 아니라, 어떤 일을 하게 되든 그 속에서 나만의 가치를 찾고 끝까지 해낼 자신감을 가지는 것입니다.

공인회계사라는 직업이 특별히 더 가치 있거나 덜 가치 있는 것은 아닙니다. 다만 회계감사라는 일은 ‘세상에 신뢰를 주는 일’이라는 점에서 큰 의미가 있습니다.

회계감사는 법으로 정해진, 오직 공인회계사만이 할 수 있

는 업무입니다. 우리 주변의 거의 모든 사람, 단체, 직업, 회사
는 돈이 오가는 활동을 합니다. 그 흐름을 올바르게 이해하려
면 '회계'라는 언어로 정리되어야 하며, 회계감사는 그 기록이
제대로 작성되었는지 확인하고 '신뢰'라는 보증을 붙이는 일
입니다.

청소년 여러분, 지금 당장 꿈이 없어도 괜찮습니다. 중요한
건 어떤 길을 가든 그 안에서 재미와 보람을 찾으며 성실히 걸
어가는 마음입니다.

공인회계사는 다양한 회사와 사람들을 만나고, 세상에 신뢰
를 전하는 멋진 직업입니다. 평생 활용할 수 있는 전문 지식과
경험을 쌓을 수 있고, 노력한 만큼 성장할 기회도 많습니다. 여

러분의 미래 직업 리스트에 '공인회계사'를 꼭 한 번 넣어 보
시기 바랍니다.

CPA
Certified Public Acco

첫인사

편 토크쇼 편집자

전 공인회계사 전태웅

편 전태웅 회계사님, 안녕하세요? 우리나라에서 가장 큰 회계법인 중 하나인 삼정회계법인에서 오랫동안 근무해 오셨는데요. 이렇게 인터뷰에 응해 주셔서 감사드립니다. 잡프러포즈 시리즈를 통해 청소년 독자들을 만나시는 소감이 어떠신가요?

전 오히려 제가 더 영광입니다. 잡프러포즈 시리즈에서 공인회계사로 인사드리게 되어 기쁘고, 이 책을 통해 처음 '공인회계사'라는 직업을 알게 될 청소년 독자들을 만나게 되어 더욱 뜻깊습니다.

공인회계사가 하는 일은 생각보다 매우 다양합니다. 회계법인 안에는 공인회계사뿐 아니라 여러 분야의 전문가들이 함께 일하며 각자의 전문성을 발휘하지요. 저는 주로 회계감사를 맡고 있지만, 그 외에도 내부회계관리제도 구축, 기업의 재무제표 작성 지원, 특정 회계처리에 대한 의견서 작성, 각종 재무·회계 자문 등 다양한 일을 수행합니다.

오늘 제 이야기가 공인회계사의 역할을 잘 전달해 드리고, 여러분이 진로를 고민할 때 조금이나마 도움이 되었으면 합니다. 앞으로도 잡프러포즈 시리즈를 통해 다른 회계사들의 다양한 업무 이야기를 만날 수 있기를 기대합니다.

편 회계사님께서 청소년들에게 공인회계사라는 직업을 '프러포즈'하고 싶으신 이유가 있나요?

전 제가 바라는 것은 청소년 여러분이 이 책을 읽고 나서 '공인회계사라는 직업이 왜 필요한가?'를 스스로 느껴 보는 것입니다. 집에서 부모님이 가계부를 쓰듯, 회사나 단체, 심지어 친구들과 만든 작은 소모임까지 돈을 모으는 순간부터 돈의 흐름을 기록하게 됩니다. 기업(영리법인)은 물론 자선단체나 동아리 같은 비영리 단체도 마찬가지지요.

돈이 오가는 모든 활동은 정해진 규칙에 따라 정확히 기록되어야 하며, 누구나 그 기록을 보고 '제대로 운영되고 있구나' 하고 안심할 수 있어야 합니다. 공인회계사는 바로 그 기록이 정확하고 믿을 만한지를 확인하고, '적정하다' 또는 '적정하지 않다'라는 의견을 담은 '독립된 감사인의 감사보고서'를 발행합니다. 이 과정을 회계감사라고 부르며, 한마디로 공인회계사는 '숫자에 신뢰를 부여하는 사람'이라고 할 수 있습니다.

주가를 평가하는 애널리스트도, 기업 간 인수·합병M&A도, 은행의 대출 심사도 모두 기업의 재무제표에서 시작됩니다. 그런데 이 재무제표는 공인회계사의 감사보고서가 없으면 의미 있는 자료가 아니라 단순한 숫자에 불과합니다. 다시 말해, 기업과 관련된 수많은 사람의 중요한 의사결정 뒤에는 언제나 공인회계사의 감사보고서가 있다고 할 수 있지요.

편 사실 저는 학창 시절에 수학을 무척 싫어했습니다. 그런데 숫자를 다루는 가장 어려운 직업 중 하나라고 느껴지는 회계사님을 인터뷰하게 되어 신기하기도 하고, 설명을 잘 이해할 수 있을까 걱정되기도 합니다. 쉽게 풀어서 설명해 주실 수 있을까요?

전 많은 직장인이 그렇듯, 저희도 일을 하다 보면 그 분야에서만 쓰는 표현을 자연스럽게 쓰게 됩니다. 회계가 어려운 이유는 사실 '어려운 수학' 때문이 아니라 '낯선 회계 용어' 때문이라고 생각합니다. '판교 사투리'라는 말이 있듯, IT 업계 용어가 생소한 것처럼 회계 용어도 처음에는 낯설게 느껴질 수 있지요. 그 부분은 제가 최대한 쉽게 풀어서 말씀드리겠습니다.

물론 회계감사 업무 중에는 기업의 특성에 따라 금융상품, 퇴직급여제도처럼 금융공학이나 보험수리적 기법이 필요한 경우도 있습니다. 하지만 그럴 때는 회계사도 관련 전문가의 도움을 받습니다. 회계 업무만 놓고 보면, 사칙연산만 할 수 있으면 충분하며, 실제로 계산기와 엑셀Excel을 사용해서 많은 업무를 보고 있습니다.

편 경제 뉴스에는 늘 '분식회계'나 '회계감사'라는 단어가 등장합니다. 그 이유는 무엇일까요?

전 앞서 말씀드린 것처럼, 공인회계사의 회계감사는 숫자에 신뢰를 부여하는 업무입니다. 사람들은 본능적으로 '이게 정말 맞을까?' 하는 불안을 느끼는데, 회계감사는 그런 의문을 해소해 주는 장치입니다.

그러나 때로는 기업이 의도적으로 재무 상태를 더 좋게 보이려고 꾸미는 경우가 있습니다. 이것을 '분식회계'라고 하지요. 뉴스에서 분식회계라는 말이 자주 등장하는 이유는 그만큼 회계 정보가 왜곡될 가능성이 있고 동시에 회계감사가 꼭 필요하다는 뜻이기도 합니다.

분식회계 사건이 터지면 기업뿐 아니라 투자자, 거래처, 직원, 심지어 국가 경제까지 큰 피해를 보게 됩니다. 그래서 회계감사는 단순히 숫자를 확인하는 작업이 아니라, 그 숫자 뒤에 있는 사실과 약속을 점검하는 과정입니다. 건강검진이 몸의 이상을 조기에 발견해 큰 병을 막아 주듯, 회계감사는 기업의 재무 상태를 살펴 위험을 줄이고 신뢰를 지켜 주는 역할을 합니다.

편 사실 저는 공인회계사님을 뵙기 전까지는 날카로운 인상을 상상했습니다. 그런데 직접 뵈니 털털하시고 말씀도 따뜻하시네요. 역시 사람을 많이 만나는 직업이 아닐까 싶습니다. 회계사라는 직업은 정말 다양한 사람을 만나는 일인가요?

전 공인회계사는 단순히 숫자만 보는 직업이 아닙니다. 우리의 일은 기업을 이해하고, 그 기업의 재무 상태가 회계기준에 맞게 표시되어 있는지를 확인하는 것입니다. 기업을 제대로 이해하기 위해서는 다양한 인터뷰가 필수적입니다. 실제로 어떻게 업무가 이루어지는지 듣고, 그 설명이 사실인지 증빙 자료로 확인하는 것이 회계감사의 핵심이지요.

그래서 우리는 회사의 재무팀뿐 아니라 경영진, 인사팀, 영업팀, 생산 현장 직원 등 다양한 부서 사람들을 만납니다. 감사 대상이 어떤 회사인지에 따라 만나는 사람들의 분야와 성격도 달라집니다. 그 과정에서 숫자로는 보이지 않는 기업 문화나 경영 철학을 느끼기도 합니다.

결국 공인회계사는 책상 앞에서만 일하는 직업이 아니라, 사람과 대화하고 관계를 맺으며 사실을 확인하고 신뢰를 쌓아 가는 직업입니다. 숫자 뒤에는 언제나 사람이 있고, 그 사람을 이해하는 과정이 바로 회계사의 중요한 업무라고 생각합니다.

편 지금까지 여러 직업인을 인터뷰했는데, 그분들의 공통점은 자기 일과 삶을 매우 소중히 여긴다는 점이었습니다. 회계사님께서 생각하시는 '진정한 직업인'은 어떤 모습일까요?

전 제가 생각하는 진정한 직업인은 자신의 전문성과 책임감을 바탕으로 주변 사람에게 신뢰를 주고, 더 나은 변화를 만들어 내는 사람입니다. 단순히 주어진 업무를 끝내는 것에 머물지 않고, 그 일을 통해 긍정적인 영향을 주며 관계 속에서 신뢰를 쌓는 것이 중요하다고 생각합니다.

또 그 과정에서 쌓은 실력과 경험을 다시 사회에 환원할 수 있어야 합니다. 내가 배운 것과 경험한 것을 다른 사람과 조직, 나아가 사회를 더 나은 방향으로 이끌 수 있을 때, 비로소 '진정한 직업인'이 된다고 믿습니다.

제가 몸담은 삼정회계법인의 슬로건은 'Inspiring Confidence, Empowering Change'입니다. 고객과 사회에 신뢰를 주고 변화를 이끌 힘을 제공한다는 뜻인데, 제가 생각하는 직업인의 모습과 정확히 맞닿아 있습니다. 공인회계사는 숫자 속에 신뢰를 불어넣어, 기업과 사회가 투명하고 건강하게 운영되도록 돕는 직업이며, 저는 이 길이 가장 보람 있는 직업인의 길이라고 생각합니다.

편 이 책을 끝까지 읽고 나면 저도 회계의 기본 개념을 이해하고, 경제 뉴스 속 회계감사 기사에도 관심을 가질 수 있을 것 같습니다. 이제 전태웅 공인회계사님과 함께 기업을 분석하고 건강한 사회를 만드는 공인회계사의 세계로 들어가 보시죠.

한 손으로 휘리릭~ 짚어보는
회계의 개념

많은 사람이 회계를 어렵게 느낍니다. 하지만 사실 회계는 우리의 일상과 멀리 있지 않습니다. 청소년 여러분의 생활 속에서도 회계 개념을 그대로 찾아볼 수 있습니다.

25년 전, 제가 고등학교에 다닐 때의 일입니다. 저는 '과학반'이라는 동아리에서 활동했는데, 학교 축제 때 조금은 특별한 활동을 했습니다. 바로 미니어처 향수를 만들어 파는 일이었지요. 전문적으로 향을 조제한 것은 아니었고, 향수 원액을 구입해서 알코올을 섞어 작은 스프레이 통에 소분해 판매했습니다.

그 당시 몇 병을 팔았는지, 가격이 얼마였는지는 정확히 기억나지 않습니다. 다만 예를 들어 설명하자면, 저희는 먼저 '축제에서 몇 병을 팔아야 1인당 1만 원씩 벌 수 있을까'를 계산했습니다. 축제가 끝나면 늘 신림동 순대타운에 가서 모임을 했기 때문에, 모두가 만족하려면 꽤 많은 수익이 필요했거든요.

당시 저희는 향수 한 병을 6천 원 정도에 판매할 수 있다고 보았습니다. 원료와 알코올, 희석을 위한 작은 기계, 스프레이 통의 원가를 계산해 보니, 한 병당 약 4천 원 정도의 이익이 남을 것으로 예상됐습니다. 결국 30명의 동아리 인원이 마음껏 백순대와 음료를 즐기려면, 최소한 100병은 팔아야 한다는 결론에 도달했지요.

축제 준비를 위해 학교 선생님께는 스프레이 용기와 기계 구매비로 7만 원을 지원받았고, 향수 원료와 알코올 등 주요 재료는 약 20만 원어치를 시장에서 외상으로 들여왔습니다.

이 과정을 회계의 관점에서 살펴보면 두 가지 상황으로 정리할 수 있습니다.

축제 전, 재료를 구매했을 때

축제 기간 중, 향수 100병을 판매했을 때

이를 재무상태표(어느 시점의 자산 · 부채 · 자본)와 손익계산서(일정 기간의 수익 · 비용 · 이익)로 표현할 수 있습니다.

재무상태표 (축제 시작 전)

향수원료 등	200,000	부채	200,000
용기	10,000		
교반기	60,000	자본금	70,000
합계	270,000	합계	270,000

손익계산서 (축제 기간)

매출	600,000	(100병*6,000원)
매출원가	270,000	(향수원료 등+용기+교반기)
순이익	330,000	

물론, 계산상으로는 목표했던 30만 원 이상의 이익을 달성한 것처럼 보이지만, 실제로는 동아리 학생들의 노동력이 반영되지 않았습니다. 그렇다고 해도, 재무상태표와 손익계산서를 통해 상황을 정리해 보니, 숫자가 오히려 말보다 더 직관적으로 이해되기도 했습니다.

회계는 결코 우리에게서 멀리 떨어진 것이 아닙니다. 늘 사람과 조직, 그리고 기업의 경제 활동 속에 함께하며, 그 과정을 기록하고 정리해 주는 언어입니다.

CPA
Certified Public Acco

회계의 모든 것

회계란 무엇인가요

편 회계란 무엇인가요?

전 회계라고 하면 어렵게 느껴질 수 있는데요. 쉽게 말하면 돈의 흐름을 기록하고 관리하는 것입니다. 기업이나 기관, 심지어 가정까지 돈이 오가는 모든 곳에는 회계가 필요합니다. 돈이 어디서 들어오고 어디에 쓰였는지를 정리하는 게 바로 회계죠.

회계에서는 이런 돈의 흐름을 숫자로 정리해서 보여 주는데, 그걸 재무제표라고 불러요. 대표적인 게 재무상태표와 손익계산서이고, 자본변동표나 현금흐름표 같은 것도 있죠. 예를 들어, 자동차 한 대를 5천만 원에 샀다고 해 볼게요. 이 차는 내 자산으로 기록됩니다. 그런데 3천만 원은 빌려서 샀다면, 그건 갚아야 할 돈이니까 부채에 3천만 원이 기록돼요. 나머지 2천만 원은 내 돈이니까 자본이 되는 거죠. 이렇게 자산, 부채, 자본을 한눈에 보여 주는 게 바로 재무상태표예요.

손익계산서는 조금 달라요. 일정 기간 내가 얼마나 벌었고 얼마나 썼는지를 보여 주는 거죠. 꼭 현금이 오가지 않아도 매출이나 비용이 발생하면 기록됩니다. 예를 들어 물건을 팔았는데 돈을 외상으로 받았다면 수익은 잡히지만, 현금은 아직 안 들어온 상태예요. 반대로 내가 물건을 사 오고 대금을 아직 안 줬다면, 비용은 발생했지만, 현금은 빠져나가지 않은 거죠. 이런 걸 더 명확히 보기 위해 따로 정리하는 게 현금흐름표예요.

재무제표를 보면 개인이나 기업이 얼마나 건전한 상태인지 알 수 있어요. 겉보기에는 수억 원짜리 차를 가지고 있어도 그보다 더 많은 빚이 있다면 재무적으로는 불안정한 거죠. 또 매출이 10억이라고 해도 원가가 9억 원 들었다면 실제로 남는 건 크지 않아요. 같은 10억 매출이라도 원가가 3억 원일 때와는 완전히 다르다는 거예요.

결국 회계는 단순히 숫자를 적어 놓는 게 아니라, 실제 상황을 정확하게 보여 주는 언어예요. 매출이나 자산 규모만으로는 알 수 없는, 돈을 얼마나 효율적으로 벌고 쓰고 남겼는지를 종합적으로 보여 주는 것이 회계의 역할입니다. 그래서 회계는 그냥 장부를 맞추는 게 아니라, 의사결정을 위한 정보 시스템이에요. 투자자, 경영진, 채권자, 심지어 국가까지도 회계 정보를 근거로 중요한 결정을 내립니다.

회계를 이해한다는 건 단순히 숫자를 읽는 게 아니라, 숫자 뒤에 숨어 있는 이야기를 보는 힘을 기르는 거라고 생각해요. 이게 바로 회계를 배우는 진짜 의미죠.

회계가 필요한 곳은 어디인가요

편 회계가 필요한 곳은 어디인가요?

전 개념을 나누어서 설명해 드릴게요.

1. 기업에서의 회계

가장 먼저 떠올릴 수 있는 곳은 기업이에요. 회계는 단순히 자기 자신을 위해서만 하는 게 아니라, 은행에서 돈을 빌리거나 정부로부터 용역을 맡을 때 '이 회사가 건실한 곳인지, 앞으로 가능성이 있는지'를 보여 주는 기준이 되거든요. 이 정보를 보고 판단하는 사람들을 '정보 이용자'라고 부르는데, 대표적으로 주주, 금융기관, 투자자, 채권자 같은 사람들이 있어요. 예를 들어 주식회사라면 자본을 투자한 주주로서, 대표이사가 일을 제대로 하고 있는지 확인하고 싶겠죠. 그럴 때는 감사보고서를 보고, 필요하다면 공신력 있는 회계법인에서 외부 감사를 받으라고 요구할 수도 있어요. 이 보고서를 통해 회사가 운영을 제대로 했는지, 문제가 없는지를 확인하는 거죠.

2. 금융기관과 투자자에게 필요한 회계

금융기관이나 투자자로서도 마찬가지예요. 기업이 신기술을 개발해 인증까지 받았다고 해도, 돈을 여기저기서 빌리다가 파산해 버리면 큰 손해를 입을 수 있겠죠. 그래서 '이 회사가 재무적으로 안정적인가?'를 확인하기 위해 감사보고서를 요구하는 거예요.

3. 공공기관과 비영리단체에 필요한 회계

회계가 필요한 곳은 기업에만 한정되지 않아요. 정부 부처나 지자체, 학교, 병원, 비영리단체까지, 돈이 들어오고 나가는 모든 조직에는 회계가 필요합니다. 비영리단체라고 해서 예외가 아닌 거죠. 기부금을 어떻게 모았고, 어디에 썼는지 투명하게 공개해야 후원자들의 신뢰를 얻을 수 있으니까요.

4. 국제 사회에서의 회계

국제기구나 해외 거래가 있는 기업도 마찬가지예요. 외국 정부나 해외 투자자에게 재무 정보를 제공해야 할 때가 있는데, 나라별로 회계 기준은 조금씩 달라도 공통으로 '정확하고 신뢰할 수 있는 정보'를 요구합니다.

이렇게 회계의 본질은 신뢰의 언어입니다. 결국 회계는 단

⋮ 다양한 회계기준에 대한 책자들, paperless 시대에 맞추어 대부분 soft copy로 이용되고 있으며, 최근에는 공개된 기준서가 정리된 사이트들도 있습니다.

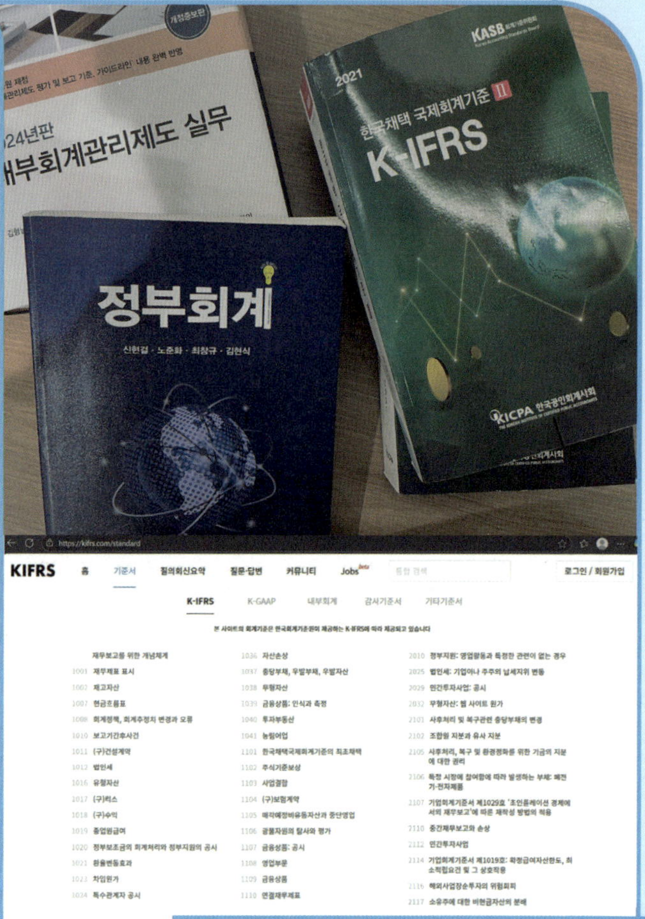

순히 장부를 맞추는 도구가 아니라, 외부 이해관계자에게 신뢰를 주는 언어예요. 주주, 채권자, 투자자뿐 아니라 직원, 고객, 지역사회까지 모두가 회계 정보의 수혜자이자 검증자라고 할 수 있습니다.

회계의 역사가 궁금합니다

 회계의 역사가 궁금합니다.

 회계의 뿌리는 15세기 이탈리아에서 시작됐어요. 당시 상업과 무역이 활발했던 베네치아에서는 거래가 점점 복잡해지면서 상인들의 거래 내역을 좀 더 체계적으로 기록할 방법이 필요했죠. 그래서 거래를 여러 각도에서 기록하는 방식, 지금의 복식부기 같은 시스템이 처음으로 개발됐습니다.

그전까지는 '단식부기'라는 방법이 주로 쓰였어요. 말 그대로 한 줄로만 기록하는 거예요. 예를 들어 '사과를 팔아 1,000원을 벌었다.'라고 하면, 그냥 '1,000원 벌었다'만 적는 거죠. 간단하긴 하지만 돈이 어디서 들어왔는지, 그 결과로 무엇이 줄었는지는 알기 어려웠습니다.

반대로 '복식부기'는 한 거래를 두 방향에서 기록합니다. 예를 들어 '물건을 팔아서 현금이 들어왔다.'라면 '현금이 늘었다'와 동시에 '물건이 줄었다'를 함께 기록하는 거예요. 이렇게 하면 거래의 원인과 결과를 한눈에 볼 수 있고, 장부의 양쪽 합계가 항상 같으니까, 오류를 찾기도 훨씬 쉽습니다. 이 방식을 널리 알린 사람이 바로 '루카 파치올리'라는 수학자인데, 그 덕분에 복식부기가 유럽 전역으로 퍼져 나갔습니다.

↑ 루키 피치올리 자화상

그 후 산업혁명이 일어나면서 큰 공장과 기업들이 생겨났고, 회계는 단순히 돈을 기록하는 도구가 아니라 회사가 잘 운영되는지 평가하는 수단으로 발전했어요. 주식회사가 등장하면서 주주와 투자자들은 '내 돈을 제대로 쓰고 있나?'를 확인하고 싶어 했고, 그때부터 외부 감사 제도가 본격적으로

숫자에 신뢰를 부여하는
공인회계사

⋮ ASB (IFRS foundation)의 과거 본사, 30 Cannon Street, 런던

자리 잡았습니다.

 20세기 후반에 들어서는 세계 경제가 하나로 연결되면서 나라별로 다른 회계 규칙을 통일할 필요성이 생겼습니다. 그래서 만들어진 게 '국제회계기준(IFRS)'이에요. 지금은 전 세계 많은 나라가 이 기준을 따르고 있지만, 여전히 나라별로 조금씩 다른 회계 기준이 공존하고 있기도 합니다.

회계의 기초가 되는
중요한 개념이나 이론이 있나요

편 회계의 기초가 되는 중요한 개념이나 이론에는 어떤 것들이 있을까요?

전 저는 크게 세 가지가 회계의 기본이라고 생각해요.

첫째는 회계의 기본 등식인 '자산＝부채＋자본'이에요. 이건 회계의 뼈대 같은 거죠. 내가 가진 것(자산)은 남에게 빌린 돈(부채)과 내 돈(자본)으로 구성된다는 뜻이죠. 이 등식이 항상 맞아야 장부가 제대로 된 거고, 균형이 깨졌다면 어딘가 기록에 문제가 있다는 뜻이에요. 예를 들어 5천만 원짜리 자동차를 샀는데 3천만 원은 은행에서 빌리고 2천만 원은 내 돈으로 냈다면, 자산 5천만 원을 부채 3천만 원과 자본 2천만 원으로 나눠서 기록하는 방식입니다. 복식부기의 장점이 바로 이런 숫자의 균형을 통해 검증이 가능하다는 것입니다.

둘째는 발생주의예요. 현금주의는 실제로 돈이 오가야 기록하지만, 발생주의는 거래가 일어난 시점에 기록합니다. 예를 들어 외상으로 판매했다면, 돈을 아직 못 받아도 매출로 잡고 '외상값 받을 돈'이라는 자산을 남겨두는 거예요. 이렇게 해야 현금이 실제로 움직이지 않아도 기업의 실적과 상태를 제대로 볼 수 있습니다.

　이게 중요한 이유는 기업 활동이 항상 현금 흐름과 동시에 이루어지지 않기 때문이에요. 특히 제조업이나 프로젝트 사업처럼 비용은 먼저 들고 수익은 나중에 발생하는 경우가 많죠. 발생주의는 이런 시차를 장부 안에서 조정해 주기 때문에 경영자나 투자자가 회사의 '진짜 상태'를 볼 수 있게 합니다. 당장 지갑에 현금이 없다고 회사가 망한 게 아니고, 반대로 현금이 많다고 해서 안정적이라고 단정할 수도 없는 이유가 여기에 있어요.

　세 번째로 중요한 건 수익·비용 대응 원칙이에요. 수익이 발생한 시점에, 그 수익을 만들기 위해 쓴 비용을 같은 기간에 기록하는 겁니다. 예를 들어 기계를 사서 5년 동안 쓴다면, 기곗값을 한 번에 다 비용 처리하지 않고 5년 동안 나눠서 잡는 거예요. 그래야 매년 그 기계로 벌어들인 수익과 비용을 공정하게 비교할 수 있죠.

　물론 이 외에도 회계에는 여러 가지 개념이 적용되지만, 저는 이 세 가지—회계 등식, 발생주의, 수익·비용 대응 원칙—가 가장 중요한 근간이라고 생각합니다.

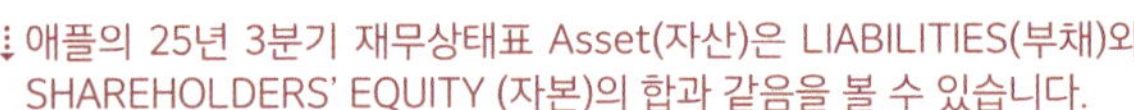

Apple Inc.

CONDENSED CONSOLIDATED BALANCE SHEETS (Unaudited)
(In millions, except number of shares, which are reflected in thousands, and par value)

	June 28, 2025	September 28, 2024
ASSETS:		
Current assets:		
Cash and cash equivalents	$ 36,269	$ 29,943
Marketable securities	19,103	35,228
Accounts receivable, net	27,557	33,410
Vendor non-trade receivables	19,278	32,833
Inventories	5,925	7,286
Other current assets	14,359	14,287
Total current assets	122,491	152,987
Non-current assets:		
Marketable securities	77,614	91,479
Property, plant and equipment, net	48,508	45,680
Other non-current assets	82,882	74,834
Total non-current assets	209,004	211,993
Total assets	$ 331,495	$ 364,980
LIABILITIES AND SHAREHOLDERS' EQUITY:		
Current liabilities:		
Accounts payable	$ 50,374	$ 68,960
Other current liabilities	62,499	78,304
Deferred revenue	8,979	8,249
Commercial paper	9,923	9,967
Term debt	9,345	10,912
Total current liabilities	141,120	176,392
Non-current liabilities:		
Term debt	82,430	85,750
Other non-current liabilities	42,115	45,888
Total non-current liabilities	124,545	131,638
Total liabilities	265,665	308,030
Commitments and contingencies		
Shareholders' equity:		
Common stock and additional paid-in capital, $0.00001 par value: 50,400,000 shares authorized; 14,856,722 and 15,116,786 shares issued and outstanding, respectively	89,806	83,276
Accumulated deficit	(17,607)	(19,154)
Accumulated other comprehensive loss	(6,369)	(7,172)
Total shareholders' equity	65,830	56,950
Total liabilities and shareholders' equity	$ 331,495	$ 364,980

회계의 목적은 무엇인가요

편 회계의 목적은 무엇인가요?

전 회계는 종류에 따라 목적이 조금씩 달라요. 크게 네 가지로 나눌 수 있습니다.

1. 재무회계

회사 밖 사람들에게 믿을 만한 정보를 보여주려는 목적이에요. 그래서 국제회계기준 같은 공통 규칙을 따라 재무상태표, 손익계산서, 현금흐름표, 자본변동표, 그리고 주석까지 작성해 공개합니다. 중요한 건 '사실에 충실하고, 비교할 수 있게' 표시하는 거예요. 같은 기준으로 작성돼야 투자자나 은행이 여러 회사를 공정하게 비교할 수 있거든요. 쉽게 말하면, 투자자·채권자·거래처가 이 자료를 보고 '이 회사에 돈을 맡겨도 될까? 물건을 팔아도 될까?'를 판단하는 거죠. 그래서 외부 감사인이 재무제표를 검증해 신뢰도를 높여줍니다.

2. 관리회계

회사 내부에서 의사결정을 더 잘하기 위한 도구입니다. 예를 들어 신제품을 만들 때, 부품 원가·인건비·광고비를 미리 계산하고, 예상 판매량과 가격을 넣어서 수익성이 있는지 미리 따져보는 거죠. 여기에서 중요한 개념이 손익분기점, 그러니까 '얼마나 팔아야 본전이 되는가?'를 계산합니다. 정리하자면 '앞으로 무엇을, 얼마나, 어떻게 할지'를 숫자로 시뮬레이션해 보는 게 관리회계인 거예요. 재무회계는 정해진 규칙을 엄격하게 지켜야 하지만, 관리회계는 목적에 맞게 유연하게 보고서를 만들 수 있습니다.

3. 정부회계

국민이 낸 세금이 어디에, 어떻게 쓰였는지를 투명하게 보여주는 게 목적이에요. 기업은 '얼마를 벌었나'가 중요하지만, 정부는 '정책이나 공공서비스가 계획대로 실행됐는지, 예산이 목적에 맞게 쓰였는지'가 핵심이죠. 그래서 책임성과 효율성, 형평성 같은 기준이 중요합니다. 결산서에는 성과 지표와 함께 정부가 장기적으로 빚을 감당할 수 있는지도 점검해요. 국회나 감사원 같은 외부 기관이 꾸준히 확인하면서 '세금이 제대로 쓰였는가?'를 검증합니다. 결국 정부회계는 국민과 정부 사이의 신뢰를 지키는 장치라고 할 수 있어요.

4. 세무회계

말 그대로 세금을 정확히 계산해서 제때 신고·납부하는 게 목적입니다. 그런데 세법은 기업회계 기준과 다른 규칙이 있어서 장부를 세법에 맞게 조정해야 해요. 어떤 비용은 시간이 지나면 일치되지만, 어떤 비용은 아예 기준이 달라 세금 계산이 달라지기도 합니다. 그래서 '이연 법인세(이월하여 연기된 법인세)' 같은 조정도 생기고요. 다소 복잡한 부분이지만, 한마디로 세무회계는 법이 정한 기준에 따라 세금을 공정하게 내기 위한 회계라고 이해하면 됩니다.

정리하자면, 재무회계·관리회계·정부회계·세무회계 각각의 목적은 다르지만, 모두 신뢰할 수 있는 정보를 만들고, 그 정보를 통해 더 나은 판단과 결정을 돕는다는 공통점이 있습니다.

회계의 종류는 어떻게 되나요

편 회계의 종류는 어떻게 되나요?

전 앞에서는 목적별로 회계를 나눠서 설명했지만, 사실 회계를 분류하는 방법은 이것만 있는 건 아니에요. 기준을 어디에 두느냐에 따라 회계를 여러 방식으로 나눌 수 있거든요.

먼저, 누가 이 정보를 쓰느냐에 따라 나눌 수 있어요. 회사 밖 투자자나 은행처럼 외부 사람들이 보는 건 '외부 보고용 회계'라고 하고, 회사 안에서 경영자가 의사결정을 위해 쓰는 건 '내부 보고용 회계'라고 해요.

또, 적용되는 법이나 규칙에 따라서도 나눌 수 있습니다. 세금을 정확히 계산해서 신고하는 '세무회계', 정부나 공공기관에서 세금과 예산 집행을 기록하는 '정부회계', 그리고 비영리단체가 기부금과 지출을 관리하는 '비영리회계'가 여기에 속해요.

그리고 조직의 성격에 따라 나누기도 해요. 이익을 내는 기업의 회계(기업회계), 세금으로 운영되는 정부회계, 학교·병원·협회 같은 기관에서 쓰는 비영리회계가 그 예죠.

말로 하면 좀 복잡해 보일 수 있는데, 쉽게 말해 '누가 쓰느냐, 어떤 법을 따르느냐, 어떤 조직이냐?'에 따라 회계가 달라진다고 이해하면 돼요. 회계사가 되려면 이런 다양한 회계를 두루 이해해야 하고, 실제 일을 하다 보면 훨씬 더 많은 경우를 만나게 돼요. 그러면서 점점 더 전문가가 되어 가는 거죠.

우리나라와 외국의 회계에
차이가 있나요

편 우리나라와 외국의 회계에는 차이가 있나요?

전 네, 있어요. 나라별로 각자 정한 회계 기준이 있거든요. 우리나라 기업들은 보통 K-IFRS라는 기준을 사용합니다. 풀어 말하면 Korean International Financial Reporting Standards, 한국채택국제회계기준이라고 해요. 2010년쯤부터 한국을 비롯해 유럽, 호주, 일본 같은 나라들이 공통된 회계 기준을 쓰자고 해서 만든 게 국제회계기준, 즉 IFRS예요. K-IFRS는 그걸 한국어로 옮긴 버전이라고 보면 됩니다.

다만, 우리나라에 회계 기준이 이것만 있는 건 아니에요. 상장사가 아니라면 통상 K-GAAP이라고 불리는 일반기업회계기준을 사용할 수도 있어요. 상장회사는 K-IFRS, 비상장회사는 K-GAAP을 쓰는 식이죠.

전 세계적으로 IFRS가 많이 쓰이긴 하지만, 미국은 또 달라요. US-GAAP이라는 자기들만의 기준을 사용합니다. 그래서 IFRS와 US-GAAP은 차이가 있고, 이런 차이를 흔히 GAAP 차이라고 불러요.

회계사들은 이런 기준의 차이를 이해하고, 회사가 기준을

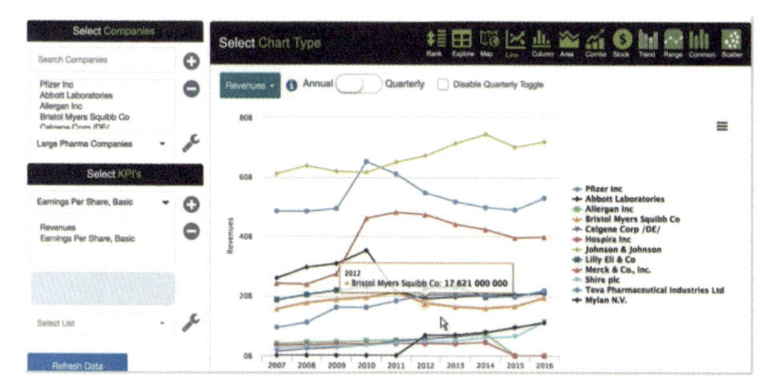

적용하는 회계 기준이 동일하고, 회사별로 동일한 성격의 거래를, 동일한 계정을 사용한다면, 동종 업체 현황을 쉽게 비교·분석할 수 있으며, 이를 위해 XBRL 공시를 도입하고 있습니다.

바꿀 때 도와주는 일을 하기도 합니다. 예를 들어, 비상장회사가 상장하려면 K-GAAP에서 K-IFRS로 기준을 바꿔야 해요. 이때 두 기준을 비교해서 어떤 규정이 다른지 정리하고, 실제 숫자의 차이를 계산해서 재무제표(재무상태표, 손익계산서 등)를 다시 만들어야 하죠. 꽤 복잡한 작업이지만, 공인회계사라면 충분히 할 수 있는 일이에요. 이렇게 회계 기준을 통일하면 뭐가 좋을까요? 투자자 입장에서는 상장사들의 재무 정보를 같은 잣대로 비교할 수 있어요. 같은 산업에 있는 경쟁 회사들과의 실적도 훨씬 더 직관적으로 볼 수 있고요.

편 회계와 관련된 직업은 어떤 게 있나요?

전 생각보다 훨씬 다양해요. 가장 먼저 떠오르는 건 역시 공인회계사죠. 기업이 만든 재무제표가 회계기준에 맞게 작성됐는지 꼼꼼히 검토하고, 투자자나 은행이 안심하고 의사결정을 할 수 있도록 인증해 주는 역할을 합니다.

비슷하지만 조금 다른 직업으로는 내부감사인이 있어요. 이들은 회계법인 소속이 아니라 특정 회사 안에서 활동해요. 회계에만 집중한다기보다는 회사의 업무절차와 기록이 제대로 지켜지는지, 돈이 새는 곳은 없는지 확인하는 역할을 하죠. 요즘은 IT 감사처럼 전산시스템이 안전하게 돌아가는지도 점검하는 전문 분야도 생겼어요.

세무 쪽으로 가면 세무사나 세무 전문 회계사가 있습니다. 세법에 맞춰 세금을 계산하고 신고하는 걸 도와주죠. 해외 거래가 많은 기업이라면 나라별 세법을 아는 국제조세 전문가가 필요해요. 반대로 국세청 같은 정부 기관에서는 세무 공무원이 세금을 제대로 걷고 탈세를 잡아내는 일을 합니다.

기업 내부에서도 회계 직업은 많습니다.

재무회계 담당자는 결산하고 재무제표를 작성해요. 관리회계 담당자는 예산을 세우고 실제 사용액과 비교하면서 회사를 운영할 방향을 조정하죠. 또 IR(공시) 담당자는 투자자와 직접 소통하는데, 회계 지식이 없으면 투자자들의 질문에 답할 수 없어요.

컨설팅 분야로 가면 더 넓어져요. 기업의 인수·합병, 투자 구조 설계, 기업 가치 평가 같은 걸 다루는 컨설턴트가 있죠. 또 법규 위반이나 경영 리스크를 줄이기 위해 내부통제 시스템을 만드는 리스크 컨설턴트와 재정적으로 어려운 회사를 구조조정하고 재기를 돕는 회생·파산 자문가가 있습니다. 이런 일들은 회계 지식뿐만 아니라 경영과 법률 지식까지 필요해요.

마지막으로 교육과 연구 분야에서도 회계 관련 직업이 있어요. 대학교에서 학생들을 가르치는 회계학과 교수나 회계 기준을 만드는 연구원들이 바로 그런 사람들이죠.

정리하자면, 회계 지식은 한 가지 직업으로만 이어지지 않아요. 기업, 정부, 법원, 학교 등 돈이 오가는 모든 곳에 회계가 필요하므로, 선택할 수 있는 길이 정말 많습니다. 기본기를 잘 쌓고, 관심 있는 분야의 전문성을 더한다면 자신만의 회계 커리어를 만들어 갈 수 있어요.

우리나라 회계감사 수준은 어떤가요

편 우리나라 회계감사 수준은 어떤가요?

전 사실 저도 이 질문을 받았을 때, 정확한 정보를 위해 따로 자료를 찾아봤어요. 평소에는 그냥 '감사 제도가 점점 고도화되고, 감독도 촘촘해지고 있다' 정도로만 생각했거든요. 그런데 막상 찾아보니까, 우리가 흔히 생각하는 '순위표' 같은 건 없더라고요. 대신 세계은행이나 UN 같은 국제기구에서 각 나라의 제도나 감독 수준을 평가하고, 개선 방향을 제시하는 방식으로 비교하고 있었어요.

우리나라 회계감사 얘기를 할 때 빼놓을 수 없는 사건이 하나 있어요. 거의 10년 전쯤, 모 대기업이 분식회계로 막대한 손실이 뒤늦게 드러나면서 사회적으로 큰 충격을 줬죠. 그 사건을 계기로 '신 외부회계감사법'이 도입됐어요. 감사인의 책임 강화, 감사 범위 확대, 감사인 지정제 같은 큰 변화가 한꺼번에 들어왔죠. 그 파장이 워낙 커서, 당시 감사하던 회계법인 중 하나는 국내 시장에서 신뢰를 크게 잃고 순위가 떨어지기도 했어요. 업계 전반에 '감사 품질과 윤리가 정말 중요하다'라는 경각심을 심어준 사건이었죠.

그 뒤로 한국의 회계감사 제도는 꾸준히 강화됐습니다. 상장회사는 내부회계관리제도 감사를 반드시 받게 됐고, 감독 기관도 회계 투명성을 높이기 위해 감시를 더 강화했어요. 세계은행 평가에서도 한국은 국제회계기준을 잘 따르고 있고, 감사 품질 관리나 감독 체계에서 높은 평가를 받았다고 해요. '몇 위'라고 딱 잘라 말할 순 없지만, 국제적으로 상위권 수준의 제도와 인프라는 갖췄다는 거죠.

저는 이렇게 생각해요. 회계 선진화는 하루아침에 되는 게 아니에요. 사건과 시행착오를 겪고, 제도가 계속 보완되면서 조금씩 쌓이는 거예요. 과거의 아픈 경험이 있었기 때문에 지금의 제도가 더 단단해진 거고요. 앞으로도 국제 평가 기준을 참고하면서, 제도뿐 아니라 감사인의 윤리의식까지 함께 발전해야 진짜 의미의 '회계 선진국'이 될 수 있다고 봅니다.

분식회계란 무엇인가요

편 요즘 뉴스에서 '분식회계'라는 말을 자주 들을 수 있는데요, 그게 정확히 뭔가요?

전 '분식'이라고 하면 떡볶이나 김밥 같은 분식을 먼저 떠올릴 수도 있겠죠. 그런데 회계에서 말하는 분식은 한자로 '가루 분粉'에 '꾸밀 식飾'을 써서, '가루로 꾸민다'라는 뜻이에요. 쉽게 말하면, 있는 그대로를 보여주지 않고 화장하는 건데, 그것도 너무 심하게 화장해서 사실을 속이는 걸 말해요.

예를 들어, 회사가 실제로는 매출이 별로 없는데 장부에는 엄청나게 벌었다고 꾸미거나, 빚이 많은데, 마치 없는 것처럼 줄여서 보여주는 거예요. 이게 바로 분식회계예요. 왜 그러냐고요? 주가를 높이려고, 은행에서 돈을 쉽게 빌리려고, 아니면 경영진이 자기 성과를 좋게 보이려는 등 여러 가지 이유가 있죠.

분식회계는 단순히 숫자를 조금 고치는 걸 넘어서, 몇 년을 내다보며 전략적으로 꾸미기도 해요. 대표적인 게 '빅 배스Big Bath'라는 방법이에요. 일부러 한 해에 손실을 왕창 잡아버리는 거죠. 예를 들어 새 사장이 왔을 때 '이건 다 전임 사장이 잘못해서 생긴 손실이야'라는 평계를 대기 위해, 재고

↕ 분식회계 논란: 부동산 그룹 헝다그룹의 파산으로 중국 부동산 위기를 초래하였으며, 그 이면에는 5,640억 위안 (약 110조 원)에 달하는 분식회계가 있었던 것으로 드러 났습니다. 이에 따라 해당 재무제표를 감사한 global 회계법인은 중국 시장에서 퇴출 위기에 놓였습니다.

*기사 및 이미지 출처 **연합뉴스**

숫자에 신뢰를 부여하는
공인회계사

자산 손실을 크게 잡거나 기계장치 감가상각을 과도하게 인식하는 거예요. 그러면 그해 실적은 바닥을 치지만, 다음 해부터는 이런 손실이 빠지니까 성적이 갑자기 좋아 보이는 거죠.

그런데 문제는, 분식회계가 드러나면 후폭풍이 엄청 크다는 거예요. 주가는 폭락하고, 투자자랑 은행은 큰 손해를 보고, 회사 신뢰도는 완전히 무너집니다. 경영진은 벌금이나 징역형을 받을 수 있고, 회계사는 자격 정지나 등록 취소 같은 처벌을 받기도 해요. 무엇보다 무너진 신뢰는 쉽게 회복되지 않죠.

회계는 '경제의 언어'라고 불려요. 그런데 그 언어가 거짓이면 시장 전체가 혼란에 빠지게 돼요. 그래서 분식회계는 단순한 장부 조작이 아니라, 투자자들의 재산과 나라 경제를 위험에 빠뜨릴 수 있는 심각한 범죄라는 점, 꼭 기억해 두면 좋겠습니다.

인공지능의 발달이
어떤 영향을 미칠까요

편 인공지능의 발달이 회계 분야에도 영향을 주나요?

전 요즘 뉴스나 인터넷을 보면 AI 얘기가 빠지는 날이 없죠. 그림도 그리고, 글도 쓰고, 코딩까지 척척 해내니까 '앞으로 사람 일자리가 다 없어지는 거 아니야?'라는 걱정이 나올 법해요. 회계 분야도 예외는 아니에요. 벌써 인공지능이 재무제표를 읽고, 이상한 거래를 찾아내고, 심지어 보고서를 뚝딱 만들어주는 단계까지 왔으니까요.

그래서 '회계사라는 직업도 AI 때문에 사라지는 거 아니야?'라는 이야기가 종종 들리는데, 저는 좀 다르게 생각해요. 오히려 AI가 발전할수록 회계감사의 중요성은 더 커진다고 봐요. 왜냐하면 AI가 정보를 쉽게 보여줄 수는 있지만, 사람들이 진짜로 원하는 건 '믿을 수 있는 정보'거든요.

예를 들어, AI가 어떤 회사 재무제표를 분석해서 "이 회사는 아주 건전합니다!"라고 말한다고 해봅시다. 근데 과연 그 결과를 100% 믿을 수 있을까요? 데이터가 조작됐거나, AI가 잘못된 가정으로 분석했을 수도 있잖아요. 돈과 관련된 문제는 특히 더 조심해야 하죠. 사람들은 결국 '정말 맞는 거야?

이걸 믿어도 돼?' 하고 확인하고 싶어 해요. 바로 그 확인 과정을 맡는 게 회계감사예요.

AI 시대에는 데이터가 훨씬 더 많아지고, 더 빠르게, 더 복잡하게 쌓여요. 그러므로 오히려 '진실이 뭔지' 확인하는 과정이 더 중요해져요. AI가 아무리 똑똑해도 신뢰를 대신 줄 수는 없어요. 사람들은 결국 누가 이 정보를 검증했는지, 그리고 그 사람이 어떤 책임을 지는지를 보고 안심하거든요.

물론 AI 덕분에 회계감사의 방식은 많이 달라질 거예요. 예전에는 회계사가 종이 장부를 직접 넘기며 오류를 찾았다면, 이제는 AI가 수십만 건의 거래를 순식간에 스캔해 주고, 회계사는 그 결과를 해석하고 판단하는 역할을 맡게 되겠죠. 마치 AI가 망원경으로 하늘을 보여주면, 회계사는 '저게 진짜 별인지, 아니면 먼지인지'를 가려내는 셈이에요.

실제로 우리 법인도 AI를 많이 써요. 단순히 쓰는 걸 넘어서, 직접 AI 도구를 개발해서 고객에게 제공하거나, 내부 감사 업무에 활용하기도 해요. 수백만 건의 거래에서 이상 거래만 자동으로 골라내는 프로그램, 문서에서 핵심 단어만 뽑아 분석하는 도구 같은 게 있죠. 이런 기술 덕분에 시간을 아낄 수 있고, 실수도 훨씬 줄어들어요.

그렇다고 AI가 모든 걸 다 하진 않아요. AI는 '이상하다'라는 신호는 잘 잡아내지만, 그게 왜 이상한지, 진짜 문제가 되는 건지 판단하는 건 결국 사람이 해야 해요. 어떤 거래가 AI에 의해 '수상하다'라고 표시되더라도, 그 거래의 배경이나 산업 특성까지 종합적으로 따져보는 건 아직 사람 몫이죠.

앞으로는 AI가 만든 보고서조차 감사 대상이 될 수도 있어요. 이미 해외에서는 'AI가 낸 결과를 사람이 검증해야 한다'라는 논의도 나오고 있거든요. 결국 중요한 결정은 검증된 정보에 의존할 수밖에 없고, 그 검증을 맡는 사람이 바로 회계사예요.

그래서 저는 AI 시대에 회계사가 두 가지 역할을 동시에 해야 한다고 생각해요. 하나는 AI를 잘 활용해서 더 효율적이고 정밀한 감사를 하는 거고, 다른 하나는 '신뢰를 지켜주는 전문가'로서 사람들에게 안심을 주는 거예요.

결국 AI는 회계사의 경쟁자가 아니라 든든한 도구예요. 기술은 정보를 빨리 보여주지만, 그게 진짜 맞는지 보증하는 건 여전히 사람의 몫이에요. 여러분이 나중에 회계사가 된다면, 아마 AI와 함께 더 넓은 세상에서 더 중요한 결정을 돕는 역할을 하게 될 거예요.

회계감사 분야는
어떻게 발전할까요

편 앞으로 회계감사 분야는 어떻게 발전할까요?

전 이건 회계와 감사로 나눠서 얘기하는 게 좋을 것 같아요.

먼저 회계부터 볼게요. 앞으로 회계는 훨씬 더 정교해지고 복잡해질 거라고 생각해요. 예전에는 데이터가 너무 많아서 다루기 어려운 부분이 많았거든요. 그래서 어쩔 수 없이 대략적인 추정을 해야 하는 경우도 많았죠. 예를 들어 '회사의 자원이 50% 이상 유출될 가능성이 있다'라고 하면, 그걸 근거로 '충당부채'라는 항목을 대략 계산해서 재무제표에 기재했어요. 그런데 앞으로 기술이 발달하면, 이런 계산을 단순 추정이 아니라 거의 과학 실험처럼 정밀하게 할 거예요. 데이터 분석, 통계, 심지어 공학적인 모델까지 활용할 수 있겠죠.

또 금융거래 자체가 점점 더 복잡해지고 있어요. 이미 파생상품 같은 어려운 거래들이 많잖아요. 앞으로는 회계가 그런 복잡한 거래를 더 정확하게 이해하고, 재무제표 안에 제대로 표현하도록 발전할 거예요. 쉽게 말하면, 회계는 '더 정밀하고, 더 복잡한 걸 정확히 기록하는 방향'으로 가고 있다고 보면 돼요.

이제 감사 이야기를 해볼게요. 감사는 기본적으로 '회계가 제대로 됐는지' 확인하는 일이에요. 그런데 이 확인 방법이 계속 바뀌고 있죠. 제가 신입 때 선배 파트너에게 들은 이야기가 아직도 기억나요. 그분이 처음 회계감사를 나갔을 땐, 회사들이 엑셀은커녕 ERP 시스템도 없던 시절이었대요. 대신 책상 위에 수십 권의 두꺼운 장부와 영수증이 쌓여 있었고, 감사인들은 그걸 받아서 일일이 계산기로 두드리며 확인했다고 해요.

하지만 지금은 완전히 달라졌죠. 모든 회사가 엑셀을 쓰고, 웬만한 기업은 ERP 같은 시스템을 이용해요. 거래량도 예전보다 수십 배, 많게는 수백 배 늘어났고요. 예전엔 전표 하나하나를 직접 확인했다면, 이제는 전표가 만들어지는 내부 프로세스 자체를 들여다보고 점검하는 게 더 중요해졌어요. 그리고 '전산감사', 즉 IT 시스템을 감사하는 비중이 엄청나게 커졌습니다.

미래를 상상해 보면 이런 그림이 그려져요. 회사의 전표들을 AI가 먼저 분석해서 '이건 괜찮다', '이건 조금 수상하다'를 자동으로 표시해 주는 거죠. 그러면 감사인은 단순히 전표를 확인하는 게 아니라, 그 전표가 왜 만들어졌는지, 어떤 배경과 이유가 있는지를 깊이 분석하게 될 거예요. 그렇게 되면 감사인은 단순 확인 업무에 시간을 덜 쓰고, 오히려 더 복잡하고 중요한 문제에 집중할 수 있게 되겠죠.

정리하면, 회계는 점점 더 정밀하고 복잡해지고, 감사는 그 복잡한 회계를 더 깊이, 더 근본적으로 검증하는 방향으로 발전할 거라는 겁니다.

공인회계사의 세계

편 공인회계사의 업무는 어떻게 되나요?

전 제 업무를 기준으로 말씀드릴게요. 저는 주로 회계감사 일을 하고 있어요. 외부 감사를 꼭 받아야 하는 회사들은 금융감독원이 회계법인과 연결해 주는 경우도 있죠. 보통은 돈을 주는 쪽이 갑이고, 일을 맡는 쪽이 을이잖아요? 그런데 회계감사는 좀 달라요. 돈을 받는 우리가 돈을 주는 회사의 재무제표가 제대로 작성됐는지를 확인하는 거니까요. 그래서 건실한 회사는 '우리 자료가 정확한지 확인해 주세요'라고 의뢰하지만, 반대로 뭔가를 숨기려는 회사도 있어요. 우리는 그 의도를 알 수 없으니까, 먼저 전체적인 감사 계획을 꼼꼼히 세우는 거예요.

보통 7월과 8월은 감사 계획을 짜는 시기예요. 이때 중요한 개념 중 하나가 '중요성'이라는 거예요. 예를 들어 어떤 직원이 실수로 천만 원을 잘못 입력했다고 할 때, 대기업에서는 사실 큰 의미가 없지만, 매출이 5억 원밖에 안 되는 신생 기업이라면 천만 원은 절대 적은 금액이 아니죠. 이렇게 회사의 크기나 상황에 따라 어느 정도의 오류까지는 넘어갈 수 있는지 판단하는 기준이 필요하고, 감사인은 그 금액을 정해놓고 감사를 진행합니다.

또 업종에 따라 유심히 봐야 할 항목이 달라요. 예를 들어 제약·바이오 회사라면 임상실험 단계에서 들어가는 개발비가 핵심이에요. 신약 개발은 성공 확률이 낮으므로, 그 비용을 자산으로 처리할지 아니면 그냥 비용으로 처리할지 판단해야 하거든요. 제조업체는 또 다릅니다. 수출 과정에서 물품을 배에 싣는 순간을 매출로 잡을지, 아니면 거래처가 실제로 물건을 받았을 때 매출로 잡을지가 중요한 문제예요. 만약 중간에 사고가 나면 매출이 사라지기도 하니까요. 이런 식으로 업종별 특성에 맞는 위험 요소를 분석하는 게 감사 계획 단계에서 꼭 필요한 일이에요.

9월에서 12월까지는 중간감사가 진행돼요. 이때는 회사의 내부 회계관리 제도가 제대로 작동하는지, 특이한 거래가 있는지 살펴보고, 전년도와 비교해서 매출이나 비용이 갑자기 달라진 부분은 없는지 검증하죠. 또 오류를 막기 위해 회사가 만든 통제 장치들이 실제로 잘 돌아가는지도 확인합니다.

그리고 연말이 다가오면 본격적인 기말감사가 시작돼요. 대부분 회사가 12월 31일을 기준으로 결산하므로, 우리는 1월 초부터 기업을 직접 방문해서 자료와 증빙이 맞는지 하나하나 대조합니다. 3월 주주총회 전에 감사보고서를 내야 하므로, 이 시기에는 회계사들이 정말 바쁘게 움직여요. 1월부터 3월까지는 말 그대로 숨 쉴 틈도 없을 정도로 일이 몰려 있는 거죠.

이렇게 보면 공인회계사의 감사 업무는 단순히 숫자를 맞추는 게 아니라, 회사가 제대로 운영되고 있는지를 검증해서 신뢰할 만한 정보를 만들어내는 과정이라고 할 수 있어요.

회계감사 업무는
기간이 얼마나 걸리나요

편 회계감사 업무는 대기업을 기준으로 기간이 얼마나 걸리나요?

전 회계감사에 걸리는 기간을 계산할 때는 '몇 명이 얼마 동안 일하는가'로 따져요. 회사의 크기와 팀 규모에 따라서도 달라지죠. 보통 4명이 한 팀을 이루면 1년에 5~8개 정도 회사를 감사하는 것 같아요.

그런데 말씀하신 대기업이라면 애기가 달라져요. 일반적으로 자산 규모가 2조 원 이상 되는 상장사를 큰 기업이라고 하는데, 그 정도 규모라면 4명으로는 부족하고 보통 6명 정도가 한 팀을 꾸려요. 이건 현장에 나가서 인터뷰하고, 문서를 확인하고, 증빙을 검토하고, 조서를 작성하는 '실무팀' 기준이에요. 이 외에도 팀 전체를 관리하는 매니저(EM), 감사의견에 최종적으로 책임을 지는 파트너(EP), 감사 품질을 관리하는 다른 파트너, 그리고 필요할 때 참여하는 IT 감사 전문가, 세무 전문가, 평가 전문가 등 다양한 전문가들이 추가로 붙어요. 실제로는 훨씬 더 많은 사람이 관여하는 거죠.

6명을 기준으로 계산해 보면, 연간 감사 계획을 세우고 계속 업데이트하는 데 1주일, 분기나 반기 검토 때마다 2주씩, 회사의 내부 프로세스를 점검하는 내부회계관리제도 감사에 설계평가 3주, 운영평가 4주, 그리고 마지막 기말감사에 3주 정도 걸려요. 합치면 약 17주, 그러니까 4개월 가까운 시간을 하나의 대기업 감사에 쓰는 셈이죠.

우리끼리는 고객사에 직접 나가서 회계감사를 하는 걸 '필드에 나간다'라고 해요. 필드에서 보내는 시간은 이보다 짧지만, 사실 사무실에서 자료 검토하고 보고서 쓰느라 야근이 많아요. 숫자만 들여다보는 일 같아 보여도, 실제로는 시간과 인력이 꽤 투입되는 큰 프로젝트라고 할 수 있어요.

업무	시기
1분기 검토	4월 ~ 5월
감사계획	7월 초
2분기 검토	7월 ~ 8월
내부회계관리제도 설계평가	6월, 9월
3분기 검토	10월 ~ 11월
내부회계관리제도 운영평가	8월, 11월 ~ 12월
재고실사, 금융실사	12월
기말감사	1월~2월

업무 강도는 어떤가요

편 업무 강도는 어떤가요?

전 보통 회사들이 12월 말에 회계를 마감해요. 그래서 각 회사가 자체 결산을 끝내고 우리 감사인에게 재무제표를 제출하는 시점은 1월 중순쯤이에요. 그런데 상법에 따라 대부분 3월 말 전에 주주총회를 열어야 하고, 그 전에 감사보고서가 꼭 필요하거든요. 그러니까 회계사 측면에서 보면 기말 감사 기간은 1월 중순부터 3월 중순까지, 딱 두 달 정도밖에 안 되는 거예요.

감사라는 게 단순히 하루이틀 안에 끝나는 일이 아니잖아요. 자료를 확인하고, 증빙을 맞춰보고, 보고서를 작성해야 하니까 시간이 꽤 걸려요. 그러다 보니 자연스럽게 야근이 많아질 수밖에 없어요.

특히 이 시기를 우리끼리는 '피크 시즌peak season'이라고 부르는데, 말 그대로 업무량이 가장 많은 시기예요. 그만큼 강도 높은 업무와 긴 근무시간이 따라오죠. 사실 회계사를 꿈꾸는 분들이라면 이 시즌의 강도는 어느 정도 각오를 해야 해요. 하지만 또 그만큼 다양한 경험을 하고 실력을 빠르게 쌓을 수 있는 시기이기도 해요.

공인회계사 직업은
경쟁이 심한가요

 공인회계사라는 직업은 서로 경쟁이 심한가요?

 회계법인 안에서의 경쟁을 생각하면, 사실 서로 치열하게 다투기보다는 힘든 일을 같이 겪으면서 서로를 위로하고 버텨주는 경우가 더 많아요. 특히 바쁜 시즌에는 다들 정신없이 일하다 보니까 '우리 다 같이 살아남자.' 하는 분위기가 강하죠.

하지만 회계법인끼리의 경쟁은 확실히 심해요. 법인마다 살아남기 위해, 또 더 성장하기 위해 노력할 수밖에 없거든요. 파트너들 처지에서는 회사의 지속 가능성을 지키려면 다른 법인과 경쟁하면서 동시에 자신의 역량을 키워야 해요.

그리고 '비감사 업무'라고 해서 다양한 용역도 수행해요. 예를 들어 기업 자문, 세무, 컨설팅 같은 일들이 있죠. 이런 과정에서 기업에 여러 서비스를 제공하면서 자연스럽게 다른 법인과 경쟁하는 거예요.

결국 어느 정도의 경쟁은 회사들 사이에도, 회계법인들 사이에도 있어요. 하지만 그 경쟁이 단순히 적대적인 게 아니라, 서로를 성장하게 만드는 계기가 되기도 합니다.

이 직업이 인기가 많은 이유는 무엇일까요

 공인회계사라는 직업이 인기가 많은 이유는 무엇일까요?

 사실 저는 회계사 시험을 준비할 때, 혹시 떨어지더라도 그 과정에서 배운 게 제 인생에 다 도움이 될 거라고 생각했어요. 회계 지식은 회사 생활에도, 개인 생활에도 쓸모가 많잖아요. 그래서 '되면 좋고, 안 돼도 내 지식은 쌓이는 거다'라는 마음으로 도전했죠.

그리고 조금 어려운 개념인데, 경제학에 '경제지대'라는 말이 있어요. 쉽게 말하면, 어떤 자격이나 자원을 가진 사람이 시장에서 독점적인 위치를 차지할 때 생기는 추가적인 이익이에요. 공인회계사가 딱 그래요. 아무나 감사보고서를 쓸 수 있는 게 아니라, 법이 허용한 회계사만 가능하거든요. 그러니까 기업이 외부 감사를 받아야 한다면, 선택지는 결국 공인회계사뿐이에요.

이런 구조 덕분에 회계사는 기본적으로 안정적인 수요가 보장돼 있어요. 공급은 한정돼 있는데 수요는 꾸준하니까, 장기적으로는 안정적인 수입을 기대할 수 있는 직업인 거죠.

그런데 이 안정성이 무조건 장점만 있는 건 아니에요. '어차피 수요가 있으니까, 편하겠다'라고 생각할 수 있지만, 사실 회계사들 사이 경쟁은 굉장히 치열해요. 같은 자격증을 가졌더라도 누가 어떤 분야에 전문성을 가졌는지, 어떤 고객과 신뢰를 쌓았는지에 따라 기회가 완전히 달라지거든요. 게다가 경기 불황이 오면 기업들이 감사 비용을 줄이거나 최소한의 서비스만 받으려고 해서, 수입이 줄거나 일이 줄어들 수도 있어요.

결국 공인회계사가 인기 있는 이유는 '법이 보장하는 안정성' 덕분이지만, 그 위에서 본인의 실력과 네트워크를 꾸준히 키워야 오래 살아남을 수 있는 직업이라고 할 수 있어요.

공인회계사가 되길 잘했다고
느끼는 순간은 언제예요

편 공인회계사가 되길 잘했다고 느끼는 순간은 언제예요?

전 예전에 상장(주식을 거래소에 등록하는 일)을 준비하던 한 회사를 감사한 적이 있어요. 그때는 금감원에서 지정해 주는 '지정 감사'였는데, 감사 과정에서 뭔가 이상한 매출이 발견됐어요. 서류로는 매출이 잡혀 있는데, 아무리 확인해도 근거가 없고, 가짜 증빙까지 나온 거예요.

그 당시 저는 현장에서 팀을 이끌던 책임자였는데, 경력이 오래되지 않았던 터라 어떻게 대응해야 할지 솔직히 두려웠어요. 최종 결정은 파트너 회계사가 내리지만, 현장에서 저도 판단을 내려야 하는 순간들이 있거든요. '나중에 내가 파트너 자리에 가면 이런 상황에서 과연 흔들리지 않고 결정을 내릴 수 있을까?' 하는 걱정이 머릿속을 맴돌았죠.

결국 우리 팀은 '이 매출을 취소하지 않으면 적정 의견을 줄 수 없다'라고 회사에 통보했어요. 회사는 매출을 취소할 수밖에 없었고, 결국 상장도 무산됐습니다. 나중에 알게 된 건데, 그 회사가 상장하기 위해 거짓 자료를 만들어 제출했던 거였어요. 만약 우리가 그걸 그냥 넘어갔다면, 상장 후에 투자자들이 큰 피해를 보았을지도 몰라요.

그 일을 떠올리면 지금도 뿌듯해요. 단순히 '절차를 지켰다'라는 걸 넘어서, 누군가의 손실을 막고 사회에 이바지한 셈이니까요. 그때 '아, 내가 공인회계사가 돼서 참 다행이다'라는 생각이 들었죠.

연봉과 복지, 처우는 어떤가요

🔘 _편 연봉과 복지, 처우는 어떤가요?

🔵 _전 제 경험과 주변 회계사들이 하는 얘기를 종합해서 말씀 드릴게요. 우선 연봉은 대기업 직원들 수준과 비슷하거나 조금 더 높은 편이에요. 그렇다고 의사나 변호사처럼 전문직 중에서도 최상위권 연봉을 받는 직종은 아니고요. 그래도 사회 초년생으로서는 꽤 안정적인 수준이에요. 경력이 쌓이면 실력에 따라 계속 올라가고요.

복지 부분은 예전보다 확실히 좋아졌어요. 예전에는 밤샘 근무가 당연하다는 분위기가 있었는데, 요즘은 워라밸^{Work-Life Balance}을 중요하게 생각하는 문화가 자리 잡으면서 휴가나 근무 환경이 많이 개선됐어요.

처우라는 면에서 보면, 회계사는 전문 자격을 가진 전문가이기 때문에 기본적으로 안정적인 커리어를 이어갈 수 있어요. 일정 수준의 경력과 신뢰를 쌓으면 오히려 고객이나 회사 쪽에서 먼저 찾아오는 경우도 많습니다. 물론 경기 상황에 따라 일감이 줄거나 조건이 바뀔 때도 있지만, 꾸준히 실력을 키워가면 장기적으로 안정성과 보람을 함께 얻을 수 있는 직업이라고 생각해요.

숫자에 신뢰를 부여하는
공인회계사

회계법인에서 S.Manager 직급 승진자
들 대상 해외연수 2주를 보내 주었다. 그
때 영국과 스페인을 돌며, 그린 그림들

Barcelona
18/9/13
Barcelona
18/9/12
Toledo
18/9/15

편 공인회계사의 일과는 어떻게 되나요?

전 저는 좀 특이한 편인데요, 신입 때부터 새벽 출근을 했어요. 그 이유는 제 아내가 당시 대기업 미래전략실에서 일했는데 출근 시간이 아침 6시였거든요. 밤늦게까지 야근하다 보면 얼굴 볼 시간이 거의 없으니까 저도 그 시간에 맞춰 출근해 버린 거죠. 그러다 보니 자연스럽게 '새벽형 회계사'가 됐습니다. 사실 회계사 중에 이렇게 아침형 인간은 많지 않아요.

아침 일찍 사무실에 도착하면 제일 먼저 하는 일은 오늘 연락하거나 만나야 할 사람들을 정리하는 거예요. 그리고 하루 일정이 어떻게 흘러갈지 머릿속으로 시뮬레이션도 해봅니다. 고객사를 방문하는 날이면 그 회사 관련 뉴스나 업계 이슈를 미리 찾아보기도 해요. 현장에서 나올 수 있는 대화 주제나 주의할 점을 미리 챙겨두는 거죠.

하루 중에는 보통 30분에서 1시간 정도 되는 회의가 한두 번씩 있어요. 그런데 어떤 날은 아침부터 오후까지 회의만 줄줄이 이어질 때도 있고요. 고객사 질문, 갑작스러운 이슈 논의, 전화 대응 같은 게 이어지면 시간이 정말 순식간에 지나갑니다. 그러다 보면 흔히 말하는 정규 근무 시간인 9시~6시는 금방 지나가고, 바쁜 시즌에는 밤 10시, 11시까지 이어지는 게 흔한 일이에요.

그리고 하루의 마지막 루틴이 바로 '타임시트 작성'이에요. 하루 동안 내가 어떤 고객사에 얼마나 시간을 썼는지 시간 단위로 기록하는 건데, 단순히 (근태)관리용이 아니라 업무를 분석하고 효율성을 평가하는 데 꼭 필요한 자료예요. 저한테는 하루를 정리하면서 '아, 오늘은 이만큼 했구나' 하고 자신을 돌아보는 시간이 되기도 합니다.

공인회계사로서 특별히
노력하는 게 있나요

편 공인회계사로서 특별히 노력하는 게 있나요?

전 회계사는 매일 숫자와 규정 속에서 일하다 보니, 자칫하면 시야가 좁아질 수 있다는 걸 늘 의식해요. 그래서 의도적으로 다양한 분야의 책을 읽으려 하지만, 사실 쉽지는 않습니다.

또 하나는 뉴스를 꾸준히 보는 거예요. 단순히 '오늘 환율이 얼마다' 같은 정보가 아니라, 산업 구조가 어떻게 바뀌는지, 새로운 기술이나 트렌드가 무엇인지 주목합니다. 새로운 산업이 등장하면 그에 맞는 회계·감사 방식도 달라지기 때문에, 시야를 넓히는 게 꼭 필요하거든요. 요즘은 퍼플렉시티Perplexity 같은 플랫폼을 통해 질문하고, 최신 뉴스와 분석 자료를 살펴보는 습관도 들이고 있습니다.

↕ 산업의 흐름을 먼저 확인하기 위해 정책 방향과 입법 과제 관련 국회 포럼에 참석하거나, 산업계 연구원의 과정을 통해 네트워킹을 수행합니다.

숫자에 신뢰를 부여하는
공인회계사

↕ 산업의 흐름을 먼저 확인하기 위해 정책 방향과 입법 과제 관련 국회 포럼에 참석
하거나, 산업계 연구원의 과정을 통해 네트워킹을 수행합니다.

숫자에 신뢰를 부여하는
공인회계사

직업병이 있나요

편 직업병이 있나요?

전 회계사다 보니 직업병이라고 할 만한 습관이 꽤 있어요. 제일 먼저는 숫자에 굉장히 민감해진다는 거예요. 일상에서 쇼핑하거나 뉴스를 볼 때 숫자가 나오면 자동으로 머릿속에서 비율을 계산해 보거나, 괜히 암산해 보면서 '내 머리 아직 잘 돌아가나?' 확인하는 거죠. 계산기 두드리면 간단한데도 습관처럼 그렇게 해요.

또 하나는 기업 동향을 자주 살피는 거예요. 특히 상장 회사는 공시나 뉴스가 나오면 바로 들여다봅니다. '저 회사 매출이 왜 이렇게 늘었지?', '신규 사업을 한다는데 재무 상태는 괜찮을까?' 같은 생각이 자동으로 들어요. 그래서 친구들이나 가족이 어떤 회사 얘기를 꺼내면 제가 먼저 자료를 찾아보고 설명해 주는 경우가 많습니다. 그리고 업무 특성상 보고서, 계약서, 재무제표 같은 문서를 많이 다루다 보니까, 문서에서 숫자 하나, 단어 하나라도 이상하면 바로 눈에 띄어요. 실수를 빨리 잡아내는 장점은 있는데, 반대로 작은 오타나 금액 차이에도 예민해지는 건 단점이죠. 결국 제 눈과 머리는 항상 '감사 모드'가 켜져 있는 셈이에요.

스트레스는 어떻게 해소하나요

편 스트레스는 어떻게 해소하나요?

전 스트레스를 풀지 못하면 이 일을 오래 버티지 못하고 포기하는 경우가 많아요. 앞에서 말씀드렸듯이 업무 강도가 세

‡ 주말 및 연휴의 가족과 캠핑

다 보니, 제대로 관리하지 못하면 건강에 문제가 생기거나 생활 리듬이 무너지는 경우도 많습니다.

저는 스트레스가 쌓이면 일단 머릿속에서 일 생각을 완전히 꺼버리려고 해요. 그래서 7~8년 전쯤, '업무와 삶을 확실히 분리해 보자'라는 마음으로 휴대폰을 하나 더 개통했어요. 한 대는 회사 메일과 업무용 앱을 연동해 두고, 다른 한 대는 완전히 개인 용도로만 쓰는 거죠. 주말이나 휴가 때는 업무 폰을 아예 보지 않으려고 합니다. 물론 원래는 새 번호를 소수의 지인에게만 알려야 했는데, 중간에 연락처가 엉켜서 결국 두 번호로 다 연락이 오긴 했어요. 그래도 캠핑을 갈 때는 업무 폰을 차에 두고, 아예 잊고 지내려고 해요. 그 시간이 저한테는 진짜 숨 쉬는 시간이거든요.

또 하나는 사람들과 대화하는 겁니다. 아내나 친구, 동료와 편하게 이야기를 나누다 보면, 혼자 복잡하게 꼬아놨던 고민이 의외로 간단하게 풀리기도 해요. 결국 제게는 운동이나 취미 같은 '몸을 쓰는 방법'보다, 대화와 소통을 통해 '마음을 풀어주는 방법'이 더 잘 맞는 것 같아요.

존경하는 회계사가 있나요

 존경하는 회계사가 있나요?

 네, 있어요. 예전에 우리 법인에서 부대표로 계셨던 분인데, 최근에 다른 곳으로 이직하셨어요. 회계법인은 전문가 집단이라서 '심리실'이라는 부서가 굉장히 중요한데, 그분이 바로 그 심리실에서 오랫동안 활약하셨거든요. 심리실은 회계기준이나 감사 방법 같은 걸 깊이 연구하고 고민하는, 말 그대로 전문가 중의 전문가들이 모인 곳이에요.

제가 그분과 함께 일하기 시작한 게 벌써 10년 전인데, 인격적으로도 참 훌륭하시고 전문성도 뛰어나셔서 늘 존경심이 생겼습니다. 마케팅 감각도 탁월하시고, 영어 실력도 정말 대단하셨죠. 저는 지금도 '과연 내가 이분의 반만큼이라도 따라갈 수 있을까?'라는 생각을 자주 해요. 그래서 자연스럽게 제 롤모델로 삼게 됐죠.

또, 서로 종교는 다르지만, 그분이 진지하게 신앙생활을 하시는 모습에서도 많은 자극을 받았어요. 일에서도, 삶에서도 성실하게 살아가는 모습이 제게 큰 동기가 됐습니다.

이직, 전직은 보통 어디로 하나요

 이직, 전직은 보통 어디로 하나요?

 회계사 일을 하다가 '이제 전혀 다른 걸 해보겠다' 하고 회사를 그만둔 친구들도 있어요. 그런데 신기하게도 대부분은 잠깐 쉬었다가 결국 다시 이 일로 돌아오더라고요. 잠시 멀어질 수는 있어도, 경험과 전문성이 워낙 쌓여 있다 보니 다시 제자리로 돌아오는 경우가 많습니다.

물론 아예 다른 길로 가는 경우도 있어요. 예를 들어 증권사나 투자사로 옮겨서 기업의 가치를 평가하는 일을 하기도 하고, 최근에는 내부회계관리제도 시장이 커지면서 기업 내부의 회계 프로세스를 관리하거나 담당하는 인력으로 가는 경우도 늘었어요. 전통적으로는 기업의 내부 감사실로 이직하는 길도 많이 선택합니다.

결국 공인회계사 자격증과 경험은 감사 업무에만 국한되지 않아요. 금융, 기업, 투자, 내부 관리 등 다양한 분야에서 활용할 수 있고, 선택지도 넓으므로 본인의 관심과 성향에 따라 여러 길로 나아갈 수 있습니다.

이 직업을 묘사한 작품이 있나요

[편] 이 직업을 묘사한 작품이 있나요?

[전] 변호사나 의사가 주인공인 드라마나 영화는 많잖아요. 그들의 일은 억울한 사람을 도와주거나 환자를 치료하는 모습으로, 극적으로 쉽게 표현될 수 있기 때문이에요. 그런데 공인회계사는 주로 서류와 숫자를 다루는 직업이다 보니, 겉으로 보기에는 긴장감이 덜하고 대중이 흥미를 느끼기 어렵다고 생각될 수 있어요.

그렇다고 아예 없는 건 아니에요. 일본에서는 회계감사인을 주인공으로 한 드라마가 있었는데, 대기업의 분식회계를 파헤치는 내용이었어요. 단순히 숫자와 장부로만 보이던 일이 실제 사람과 사건으로 연결되면서 꽤 긴장감 있는 이야기가 되더라고요. 물론 현실 속 회계사들의 일상과는 다소 차이가 있지만요.

최근 한국에서도 회계사가 등장하는 드라마가 있었어요. 다만 회계감사 업무보다는 M&A(기업 인수·합병) 분야를 중심으로 그려졌죠. 제가 직접 하는 일과는 조금 다르지만, 그래도 대중들에게 회계사라는 직업의 또 다른 모습을 알리는 계기가 됐다는 점에서 의미가 있다고 생각합니다.

공인회계사가 되는 방법

공인회계사가 되는 방법은 무엇인가요

편 공인회계사가 되는 방법은 무엇인가요?

전 저는 원래 영문학을 전공하다가 대학교 4학년 때 늦게 복수 전공으로 회계를 시작했어요. 공인회계사가 되려면 기본적으로 일정한 영어 점수와 학점을 갖춰야 해요. 예를 들어 토익 700점 이상, 토플 PBT 530점 이상 같은 공인 영어시험 성적이 필요하고, 경영학·경제학·회계학 관련 과목을 정해진 학점 이상 이수해야 합니다. 이런 조건을 충족해야 1차 시험을 볼 수 있어요.

시험은 크게 1차와 2차로 나뉘어요. 1차는 객관식 시험이고, 2차는 주관식 시험이에요.

1차 시험은 상대평가 방식이에요. 과락 없이 합격 기준 점수를 넘긴 사람 중 고득점자순으로 합격자를 결정합니다.

2차 시험은 서술형 중심인데, 원칙적으로 과목별 60점 이상이면 합격이에요. 다만 최소 선발 인원에 못 미치면 상대평가로 추가 합격자를 뽑기도 합니다.

시험에 합격하면 '합격증'이 나오지만, 그걸로 바로 감사 업무를 할 수 있는 건 아니에요. 정해진 기관, 주로 회계법인에서 일정 기간 실무를 경험해야만 감사인 권한을 갖게 됩니다. 보통 대학을 졸업하고 군 복무를 다녀온 남성 기준으로는 28세 전후에 공인회계사가 되는 경우가 많아요. 물론 더 빠르게 학점을 이수하고 시험을 준비하는 사람들은 그보다 일찍 자격을 얻기도 합니다.

그리고 제도에 따라 달라지기는 하지만, 예를 들어 2025년 기준으로 보면 1차 시험에서 약 2,900명을 선발하고, 2차 시험에서는 최소 1,200명을 뽑는다고 공고가 나와 있었어요. 매년 선발 인원은 조금씩 달라질 수 있기 때문에 반드시 시험 공고를 확인해야 합니다.

시험 정보나 기출문제는
어디에서 확인하나요

<편> 시험 정보나 기출문제는 어디에서 확인하나요?

<전> 공인회계사 시험과 관련된 정보는 금융위원회 홈페이지에서 확인할 수 있어요. 특히 금융위원회 회계제도팀 공지사항에 들어가면 매년 시험 계획 공고가 올라옵니다. 여기에는 1차·2차 시험 일정, 시험 과목, 원서 접수 기간, 시험 장소 같은 중요한 정보가 모두 담겨 있죠.

→ 금융위원회 시험 공고 https://www.fsc.go.kr

또, 실제 시험 준비에 큰 도움이 되는 기출문제는 금융감독원 홈페이지에서 볼 수 있어요. 금감원 홈페이지의 시험 자료실 메뉴에 들어가면, 과거 1차 객관식 문제와 2차 주관식 문제, 그리고 정답까지 공개돼 있습니다.

→ 금융감독원 시험 자료실 https://www.fss.or.kr

즉, 시험 일정이나 제도 변화는 금융위원회에서, 실제 기출문제는 금융감독원에서 확인하면 된다고 기억해 두면 편해요.

공인회계사 시험은
어떻게 준비하나요

편 공인회계사 시험은 어떻게 준비하나요?

전 저는 처음에 독학으로 공부를 시작했어요. 그런데 돌아보면 가장 효율적인 방법은 학원 강의를 듣는 거였어요. 학원에 다니면 혼자 공부할 때보다 체계가 잘 잡히고, 같이 준비하는 친구들과 그룹 스터디도 할 수 있거든요. 물론 독학으로 합격하는 사람도 있고, 대학교 특강을 듣고 합격하는 사례도 있고, 온라인 강의만 듣는 경우도 있어요. 사람마다 스타일이 다르죠. 저는 학원이 잘 맞았던 케이스에요.

시험은 크게 1차와 2차로 나뉘어요.

1차는 객관식 시험으로 재무회계, 원가관리 회계, 세법, 경영학, 경제 원론, 상법 같은 과목이 나오는데, 단순히 찍는 문제가 아니라 꼼꼼하게 풀어야 하는 문제가 많아요.

2차는 서술형 시험이에요. 재무회계, 원가관리 회계, 세법, 재무관리, 감사론을 직접 써서 답해야 하죠. 그래서 저 같은 경우에는 1차와 2차를 따로 준비하기보다는, 처음부터 2차 중심으로 깊게 공부하면서 동시에 1차를 대비하는 방식을 추천해요.

공부 기간은 사람마다 다르지만 보통 2~3년 정도 잡는 게 일반적이에요. 저한테 학원이 좋았던 이유는 단순 이론 강의보다는 기출문제 위주 강의를 통해 실제 시험 감각을 익힐 수 있었기 때문이에요. 참고로 금융감독원 홈페이지에 최근 기출문제가 다 올라와 있어서 무료로 내려받을 수 있어요. 보통 최근 5년 치 기출을 반복해서 풀면서 출제 경향을 익히는 게 좋아요. 특히 회계나 세법처럼 자주 개정되는 과목은 최신 법령 반영 여부를 꼭 확인해야 하고요.

그리고 무엇보다 중요한 건 체력과 멘털 관리예요. 하루에 8~10시간씩 책상 앞에 앉아 있는 게 기본이지만, 이걸 몇 년 동안 이어가려면 꾸준함이 핵심이에요. 중간에 주 1회 정도는 쉬면서 체력을 회복하고, 조급해하지 않는 게 합격으로 가는 가장 확실한 길이에요.

청소년기에 어떤 준비를 하면 좋을까요

편 청소년기에 어떤 준비를 하면 좋을까요?

전 청소년 때는 사실 회계 지식을 깊게 공부하기보다 다양한 경험을 해보는 게 제일 중요해요. 공인회계사는 매일 수많은 고객을 만나야 하는 직업이거든요. 단순히 사무실에 앉아서 숫자만 보는 게 아니라, 사람과 사람 사이에서 일어나는 수많은 상황을 다뤄야 하죠. 그래서 경험이 풍부한 사람이 유리해요.

예를 들어, 동아리 활동이나 봉사활동, 아르바이트처럼 다양한 사람을 만나고 부딪히는 경험이 큰 자산이 돼요. 나중에 고객을 만나거나 협상할 때, 그런 경험들이 자연스럽게 대화와 대응력으로 이어지거든요.

또, 경제나 기업에 대한 기본적인 관심을 가져보면 좋아요. 경제 뉴스나 주식 시장 흐름을 가볍게라도 읽어보고, 동네 가게나 회사가 돈을 어떻게 벌고 쓰는지 관찰하는 거예요. 이런 습관이 쌓이면 대학에서 회계를 본격적으로 배울 때 훨씬 빨리 이해할 수 있습니다.

그리고 빼놓을 수 없는 게 의사소통 능력이에요. 회계사는 보고서를 쓰고, 고객에게 설명하고, 때로는 설득까지 해야 하니까 글쓰기와 말하기가 정말 중요해요. 책을 읽고 자기 생각을 정리하거나, 발표·토론 기회를 적극적으로 가져보면 큰 도움이 돼요.

마지막으로, 청소년 때부터 꾸준함과 자기관리 습관을 들이면 정말 좋아요. 회계사 공부나 실무는 단거리 경주가 아니라 마라톤이에요. 하루아침에 성과가 나지 않더라도, 계획을 세우고 조금씩 실행하는 습관이 쌓이면 큰 강점이 돼요. 결국 이 직업은 지식, 경험, 태도가 어우러졌을 때 진짜 힘을 발휘하거든요.

어떤 자질이 필요할까요

 어떤 자질이 필요할까요?

 제가 MBTI 검사를 하면 ENTP가 나와요. 외향적이고, 일할 때 깔끔하게 처리하는 걸 좋아하는 성격이죠. 보통 회계사라고 하면 하루 종일 책상 앞에 앉아서 숫자만 보는 걸 떠올리는데, 사실은 그 반대에 가까워요. 우리 회사만 해도 직원이 4천 명이고, 그중 회계사가 2천 명이 넘거든요. 여러 팀이 함께 움직이다 보니 하루에도 회의가 몇 번씩 있고, 고객사 사람들과 논의하거나 때로는 다른 법인과 협업하기도 해요. 그러니까 낯선 사람과도 금방 어울릴 수 있는 친화력, 그리고 대화를 잘 풀어가는 소통 능력이 정말 중요합니다.

그다음으로 필요한 건 문제 해결 능력이에요. 회계감사는 단순히 장부를 맞춰보는 게 아니라, 회사마다 상황이 다르고 예상 못 한 문제가 계속 생겨요. 법이나 회계기준이 항상 정답을 주는 게 아니거든요. 그래서 여러 선택지 중에서 가장 합리적인 결론을 찾아내야 해요. 이 과정에서 분석력, 논리적인 사고, 빠른 판단력이 필요하죠.

그리고 체력과 멘털 관리도 빼놓을 수 없어요. 회계사는 시즌별로 업무 강도가 확 달라지는데, 바쁠 때는 주말도 없이 밤늦게까지 일하는 경우가 많거든요. 체력이 받쳐주지 않으면 금방 지치고, 멘털 관리가 안 되면 오래 버티기 힘들어요. 고객과의 의견 차이, 빡빡한 마감일, 여러 팀과의 조율… 이런 상황에서 스트레스를 어떻게 풀고 다시 힘을 낼 수 있느냐가 장기적으로는 훨씬 중요한 자질이에요.

마지막으로 꼭 필요한 게 배움에 대한 의지예요. 법, 회계 기준, 기술은 계속 바뀌기 때문에 몇 년만 공부를 멈추면 금방 뒤처지거든요. 새로운 산업이나 금융거래 구조를 이해하려면 꾸준히 배우고, 모르면 바로 채워 넣으려는 태도가 있어야 해요.

어떤 경험을 쌓으면 좋을까요

편 어떤 경험을 쌓으면 좋을까요?

전 공인회계사에게도 '영업'은 정말 중요해요. 여기서 말하는 영업은 물건을 파는 게 아니라, 사람과 관계를 맺고 신뢰를 쌓는 과정이에요. 고객과 처음 만나 이야기를 나누고, 회사 상황을 파악하고, 문제를 함께 풀어가고, 마지막에 결과물을 제시하는 모든 과정이 사실상 영업이거든요. 그래서 청소년 때부터 사람을 만나고 소통하는 경험을 많이 해두면 정말 큰 도움이 됩니다.

저는 청소년 시기에 조직 속에서 함께 움직여 보는 경험을 꼭 해보라고 말하고 싶어요. 학교나 지역사회, 기관, 기업에서 진행하는 프로젝트나 프로그램이 있다면 적극적으로 참여해 보세요. 그 안에서 친구들과 목표를 세우고, 역할을 나누고, 누군가는 팀을 이끌고, 또 누군가는 조율하는 과정을 겪을 수 있거든요. 실제 회계사 업무도 대부분 팀 단위로 이루어지기 때문에, 다양한 성격을 가진 사람들과 호흡을 맞추는 능력은 아주 큰 자산이 됩니다.

또 가능하다면 경제·경영·사회 문제와 관련된 토론회나 캠프에도 참여해 보길 추천해요. 숫자와 규정만 아는 회계사

보다, 세상이 어떻게 돌아가는지 흐름을 이해하는 회계사가
훨씬 경쟁력이 있거든요. 이런 경험은 나중에 고객과 대화를
나눌 때, 혹은 복잡한 문제를 풀어야 할 때 정말 든든한 밑
바탕이 돼요.

유리한 전공과 자격증이 있나요

편 유리한 전공과 자격증이 있나요?

전 회계사들 가운데는 경영학 전공자가 가장 많아요. 1차 시험 과목에 경영학·마케팅·경제학이 포함돼 있다 보니, 경영학과 출신이 상대적으로 유리한 건 사실이죠. 그래도 다른 전공이라고 불리한 건 전혀 아니에요. 오히려 수학, 통계, IT 전공자는 회계사 자격을 딴 뒤에 금융공학, 데이터 분석, IT 감사 같은 특화 분야에서 강점을 발휘하기도 해요.

자격증으로는 세무사 자격증이 회계사와 가장 밀접합니다. 세무 관련 법규와 실무를 깊이 이해할 수 있어서, 세무회계 분야에서 전문성을 크게 높여주죠. 그 외에도 CFA(국제재무분석사) 같은 국제 자격증은 커리어 확장에 큰 도움이 돼요. 특히 글로벌 기업이나 해외 프로젝트에 참여하고 싶다면 영어 능력과 함께 이런 국제 자격증이 강력한 무기가 됩니다.

최근에는 IT와 데이터 분야 역량이 점점 중요해지고 있어요. ERP, SQL, 파이썬 같은 기술을 익히면 IT 감사나 데이터 분석 업무에서 차별화된 경쟁력을 가질 수 있죠. '앞으로 내가 어떤 분야에서 전문성을 쌓고 싶은가?'를 염두에 두고 준비하는 게 가장 현명한 선택이에요.

이 직업의 성향에 맞지 않는
사람은 누구일까요?

[편] 이 직업의 성향에 맞지 않는 사람은 누구일까요?

[전] 가장 먼저 끈기가 부족한 사람은 힘들어요. 회계사 시험 준비만 해도 보통 최소 2~3년은 꾸준히 공부해야 하고, 합격 후에도 매년 새로운 회계기준, 세법 개정, 감사 방법론 등을 계속 공부해야 하거든요. 또 업무 자체가 몇 달씩 이어지는 장기 프로젝트가 많습니다. 같은 회사 재무제표를 끝없이 분석하고, 수많은 증빙을 확인하고, 고객과 의견을 주고받는 과정을 반복하다 보면 쉽게 지치는 사람은 버티기 어려워요.

두 번째는 숫자를 싫어하는 사람이에요. 회계사 일이 단순히 계산만 하는 건 아니지만, 모든 판단의 근거는 결국 숫자와 재무 데이터에서 나옵니다. 하루에도 수십, 수백 번 숫자를 보고 비교하며 차이를 분석해야 하는데, 이 과정이 재미있거나 최소한 거부감이 없어야 합니다.

세 번째는 소통을 피하는 사람이에요. 회계사는 혼자서 보고서를 작성하는 직업이 아니에요. 고객과 직접 만나서 복잡한 회계 내용을 쉽게 설명하고, 때로는 설득까지 해야 합니다. 동료, 상사, 고객과 계속 의견을 주고받는 게 일상이다 보니, 대화 자체를 부담스러워하거나 혼자만 조용히 일하고 싶은 사람이라면 특히 연차가 쌓일수록 적응하기 어려울 수 있어요.

결국 공인회계사는 꾸준히 배우고, 숫자에 친숙하며, 사람과의 대화도 기꺼이 받아들이는 사람에게 잘 맞는 직업이라고 할 수 있습니다.

공인회계사가 되면

초임 공인회계사는
어떤 업무부터 시작하나요

편 초임 공인회계사는 어떤 업무부터 시작하나요?

전 신입 회계사가 맡는 일은 대부분 단순하지만, 양이 많은 검증 작업이에요. 예를 들어 회사가 제시한 재무제표가 실제 장부와 일치하는지 확인하거나, 퇴직급여 충당금·급여 계산 같은 간단한 항목을 검토하는 거죠. 숫자를 단순히 맞춰보는 게 아니라, 이 금액이 어디서 나왔는지, 어떤 증빙으로 뒷받침되는지 꼼꼼히 확인해야 해요. 실수 하나가 감사 전체의 신뢰에 영향을 줄 수 있기 때문에 집중력이 무척 필요합니다.

저도 입사 첫해에 인건비 엑셀 원장을 처음 받았는데, 처음엔 무슨 말인지 하나도 모르겠더라고요. 그래서 선배들이 남긴 조서(감사 기록)를 보면서, 수식을 따라가고 회사 정보를 하나씩 끼워 맞추며 결과가 'FALSE'가 아닌 'TRUE'로 뜨게 만드는 게 일이었죠.

하지만 팀 선배들의 리뷰를 받으면서, 업무를 이해하게 되었어요. 이렇게 도제식으로 선배들이 자료를 검토하고 고객사와 인터뷰하는 과정을 따라다니며 배우면서 점차 회계사가 되어 갔습니다.

또 하나 중요한 게 업무의 양이에요. 감사 시즌이 되면 수십 개, 수백 개의 자료를 처리해야 할 때도 있어요. 단순한 작업처럼 보이지만, 속도와 정확성을 동시에 지켜야 하고 팀원들과 자료를 주고받는 소통 능력도 필요하죠.

신입 때는 또 회계감사 전용 프로그램이나 회사 시스템에 적응하는 훈련도 합니다. 요즘은 단순히 엑셀만 쓰는 게 아니라, 전표 샘플링, 자료 요청, 데이터 분석이 다 전산화돼 있거든요. 초반에 이런 도구를 익혀두면 이후 복잡한 감사 업무를 맡을 때 훨씬 수월합니다.

그래서 저는 신입 시절을 기초 체력 훈련 기간이라고 생각해요. 운동선수가 근력과 체력을 민지 키워야 기술을 발휘할 수 있듯, 회계사도 단순 작업을 반복하면서 감사의 흐름을 몸으로 익히는 거예요. 저도 그때는 '언제쯤 진짜 감사다운 일을 할 수 있을까?' 하고 조급했지만, 지금 돌이켜보면 그 경험 덕분에 지금처럼 빠른 판단과 결정을 내리는 힘이 생겼습니다.

숙련되기까지 몇 년 정도 걸리나요

편 숙련되기까지 몇 년 정도 걸리나요?

전 사람마다 차이가 있지만, 제 경험상 보통 4년 정도는 걸리는 것 같아요. 그쯤 되면 작은 회사 하나를 책임지고 감사 팀의 현장 책임자, 즉 '인챠지' 역할을 맡을 수 있어요. '인챠지'가 된다는 건 매출·비용·자산·부채·현금흐름까지 회사의 모든 계정을 처음부터 끝까지 한 사이클 돌려본 경험이 쌓였다는 뜻이에요.

신입 때는 특정 계정 하나를 확인하는 수준이지만, 4년 차쯤 되면 전체를 바라보고 일정도 짜고, 팀원에게 업무를 배분하고, 고객사와 주요 이슈를 협의할 수 있게 됩니다. 이때 처음으로 '아, 이제 감사 전체 그림을 이해하고 있구나'라는 감각이 와요. 물론 어떤 사람은 더 빨리, 또 어떤 사람은 좀 늦게 숙련되기도 합니다. 중요한 건 단순히 연차가 아니라 얼마나 다양한 회사와 이슈를 경험했느냐 예요.

그리고 4년이 끝이 아니라 새로운 시작이에요. 매니저가 되면 회계·감사뿐 아니라 팀 관리, 고객 관리, 영업까지 챙겨야 합니다. 후배를 키우고, 고객사와의 관계를 유지·확장하는 것도 중요한 역할이 되죠.

파트너가 되면 또 다른 단계가 열려요. 본부를 관리하고, 영업 전략을 세우며, 새로운 서비스까지 기획하는 등 경영자에 가까운 역할을 맡습니다. 숫자를 직접 들여다보는 시간은 줄어들고, 시장을 읽고 비즈니스를 설계하는 시간이 훨씬 많아지죠.

그래서 흔히 말하는 4년은 사실 기본기를 갖추는 시간에 불과합니다. 그 이후에도 숙련의 대상은 계속 바뀌고, 새롭게 배워야 할 것들이 끊임없이 등장해요. 결국 공인회계사는 평생 배우고 성장해야 하는 직업이라고 보시면 됩니다.

↕ 파트너 승진 축하 자리와 파트너 승진 동기들

공인회계사로서
늘 조심하는 것이 있나요

전 공인회계사는 감사보고서를 작성하는 직업이에요. 증빙을 확인하고 잘못된 정보를 재평가하며 협의하는 과정에서 무엇이든 한 번에 단정해서는 안 됩니다. 감사보고서는 발행 순간부터 법적 효력이 발생하기 때문에, 절차를 어기거나 정보를 외부로 유출하면 곧바로 법적인 문제가 되죠.

또 하나 중요한 점은 투자 제한이에요. 공인회계사 본인과 배우자는 상장기업 주식 투자를 할 수 없어요. 감사 과정에서 기업의 내부 정보를 알게 되면 시세차익을 노릴 수 있기 때문에, 윤리적 문제를 원천 차단하기 위해서죠.

그래서 저는 일상에서도 '말 한마디'나 '행동하나'가 어떻게 비칠지를 늘 신경 씁니다. 회식 자리에서도 고객사 이야기는 꺼내지 않고, 가족이나 친구에게조차 기업명이나 구체적인 숫자를 언급하지 않아요. 회계사는 신뢰가 전부인 직업이라, 작은 부주의도 경력과 회사의 신뢰를 동시에 흔들 수 있기 때문입니다.

문서와 기록 관리도 마찬가지예요. 감사 과정에서 다루는 자료는 회사의 핵심 기밀이라 출력물 하나, USB 하나도 철저

: 수많은 사람이 모인 고객사의 그룹 세미나에
참석하여 회계처리에 대해 강연하기도 합니다.

숫자에 신뢰를 부여하는
공인회계사

히 관리합니다. '이 정도면 괜찮겠지' 하는 방심이 결국 큰 문제로 이어지는 걸 여러 번 봤거든요.

마지막으로, 회계기준이나 법규를 애매하게 해석하지 않으려 노력합니다. 조금이라도 의문이 들면 반드시 동료나 상사와 상의하고, 기준서를 다시 확인하죠. '내 이름이 적힌 보고서'의 무게를 늘 의식하고 그 책임에서 벗어나지 않으려는 자세, 그게 바로 공인회계사로서 가장 중요한 태도라고 생각합니다.

공인회계사는 업무 평가를
어떻게 받아요

편 공인회계사는 업무 평가를 어떻게 받아요?

전 우리 회사 기준으로 설명하면, 평가 방식은 크게 계량 평가와 비계량 평가로 나뉩니다.

계량 평가는 말 그대로 수치로 확인할 수 있는 지표예요. 맡은 프로젝트를 기한 내에 끝냈는지, 예산을 초과하지 않았는지, 매출 목표를 달성했는지 같은 결과 중심의 평가죠. 수치로 드러나기 때문에 누구나 쉽게 이해할 수 있습니다.

비계량 평가는 사람의 태도와 역량에 조점을 둡니다. 협업 태도, 소통 능력, 문제 해결 능력, 전문 지식의 깊이 같은 항목들이 포함돼요. 책임자가 스태프를 평가하고, 스태프도 책임자를 평가하는 식으로 서로 점수를 매기죠. 단순히 '일을 잘했느냐'가 아니라 팀 안에서 성실하고 원활하게 역할을 해냈는지를 보는 겁니다. 큰 기업의 경우 10명 이상이 한 팀을 이뤄 움직이는데, 맡은 부분은 달라도 결국 하나의 감사보고서로 합쳐집니다. 그래서 개인의 실력만 뛰어나도 좋은 점수를 받을 수 없어요. 후배를 이끄는 리더십, 선배와의 소통, 팀 전체와의 조율이 모두 평가에 반영됩니다.

기업의 규모에 따라 업무가 다른가요

[편] 기업의 규모에 따라 업무가 다른가요?

[전] 회계사 일이 기업 규모에 따라 완전히 달라지진 않아요. 기본적인 감사 절차와 접근 방식은 비슷하거든요. 하지만 기업의 규모가 클수록 다루는 자료의 양과 복잡성이 크게 달라집니다.

● **작은 회사**(중소기업, 비상장사)

규모가 작다 보니 재무제표 항목도 단순하고, 내부 결재 체계나 회계 시스템도 간소한 경우가 많아요. 그래서 회계사 한 명이 회사의 거의 모든 계정을 처음부터 끝까지 직접 훑어볼 수 있습니다. 혼자서 전체 그림을 이해할 기회가 많다는 장점이 있죠.

● **큰 회사**(대기업, 상장사)

대기업은 회계 시스템이 훨씬 복잡합니다. 해외 자회사나 지사가 수십 개씩 있는 경우도 흔하고, 거래 규모도 방대하죠. 그래서 감사팀 인원도 커지고, 업무가 세분돼요. 한 회계사가 맡는 영역은 좁지만, 훨씬 깊이 있게 파고들어야 합니다.

예를 들어 '재고'나 '매출' 계정 하나만 맡아도 감사 시즌 내
내 그 부분만 집중해야 할 정도예요.

● 회계법인에 따른 차이

비등록 회계법인은 상장사 감사를 할 수 없어서 주로 비상장
사 감사, 외국계 투자법인 감사, 세무·자문 업무에 집중합니

다. 반면 4대 회계법인 같은 대형 법인은 상장사 감사를 주력으로 하고, IPO(기업공개), M&A(인수합병), 해외 진출 지원 같은 대형 프로젝트도 맡습니다.

결국 원리는 같지만, 기업이 클수록 자료는 방대해지고, 일정은 빡빡해지고, 참여 인원도 많아진다는 게 가장 큰 차이예요.

슬럼프나 회의를 느낀 적이 있나요

 슬럼프나 회의가 온 적이 있나요?

 돌이켜보니 우울증에 가까웠던 시기가 있었어요. 당시엔 단순히 '내가 좀 지쳤구나'라고만 생각했는데, 시간이 지나 보니 단순한 피로가 아니었더라고요. 감사 시즌이 길게 이어지고, 하루하루가 복사한 듯 반복되다 보니 어느 순간부터는 아침에 눈을 떠도 몸이 무겁고, 회사 가는 발걸음이 그렇게 싫을 수가 없었죠. 그래도 그때는 '다들 이렇게 버티는데 나만 힘든 건 아니겠지' 하며 참고 다녔습니다.

하지만 시간이 흐른 뒤 알았어요. 그 시기는 제가 저 자신을 돌보지 못했던 때였다는 걸요. 일을 잘해야 한다는 압박감이 너무 커서 생활과 마음 건강을 완전히 뒷전으로 둔 거죠. 사실 그때 조금만 주변에 도움을 청하거나, 하루 정도라도 일을 내려놓고 숨을 고를 수 있었다면 그렇게 길고 무감각한 시간을 보내지는 않았을 거예요.

결정적인 계기는 선배 회계사의 한마디였습니다.

"태웅아, 계속 그렇게 살다간 몸이 망가지고 네가 먼저 무너져. 무너진 다음에 다시 일어나는 게 더 힘들어. 회사가 네 건강까지 책임져주진 않아."

그 말을 듣는 순간 정신이 번쩍 들었어요. 그 후로는 시키는 일만 따라가는 게 아니라, '내가 중심이 되어 일한다'라는 마음으로 태도를 바꾸게 됐습니다. 그리고 짧지만 진짜로 일을 손에서 놓고 쉬어 보았죠. 좋아하는 책을 읽고, 못 만났던 친구들을 만나면서 조금씩 숨통이 트였어요.

그때 깨달았어요. 이 일은 단거리 경주가 아니라 '마라톤'이라는 걸요. 오래 버티려면 중간중간 자신을 재정비하는 시간이 꼭 필요하다는걸요. 그 이후로는 슬럼프 조짐이 보이면 미리 속도를 조절하고, 작은 휴식이라도 틈틈이 가지려고 합니다. 그게 결국 저를 더 오래, 더 안정적으로 이 일을 하게 만드는 힘이 된 것 같아요.

공인회계사가 바라보는 세상

부자와 가난한 사람의 차이는 무엇일까요

편 공인회계사가 바라보는 부자와 가난한 사람의 차이는 무엇일까요? 그리고 성장하는 기업과 하락하는 기업의 차이는 무엇인가요?

전 제가 일을 하면서 느낀 건, 결국 '태도'와 '속도'의 차이라는 거예요.

부유한 사람들은 작은 기회라도 잡아보고, 실패해도 금방 회복해서 다시 도전합니다. 반면 가난에 머무는 사람들은 '위험할까 봐', '귀찮아서'라는 이유로 기회를 놓치는 경우가 많아요. 이 작은 차이가 시간이 지나면 자산 격차로 크게 벌어집니다. 마치 저축과 투자에서 복리 효과가 쌓이듯, 태도 역시 인생 전체에 복리처럼 작용하는 거죠.

기업도 마찬가지입니다. 성장하는 기업들은 늘 변화를 시도해요. 신제품을 내거나, 새로운 시장에 진출하거나, 내부 프로세스를 개선하려고 노력합니다. 반대로 하락하는 기업은 매출이 조금만 유지돼도 '이 정도면 됐다'라며 안주하죠. 그런데 시장은 멈추지 않아요. 경쟁사는 계속 발전하고, 기술과 트렌드는 빠르게 바뀌니까 제자리걸음은 사실상 후퇴와 같습니다.

물론 무작정 변화만 추구하다 보면 본업의 강점을 잃거나, 시장을 잘못 읽어 큰 실패를 겪을 수도 있어요. 하지만 그럼에도 도전이 중요한 이유는, 실패조차 결국 다음 성공을 위한 과정이 되기 때문입니다. 제가 가장 와닿았던 말 중에 이런 게 있어요.

'성공과 실패 중의 실패는 없다. 성공과 그 과정만 있을 뿐이다.'

저는 이 말을 정말 믿습니다. 도전하는 사람은 잠시 가난해질 수 있지만, 그건 단지 시기의 문제일 뿐이에요. 전체 삶을 놓고 보면 도전하는 사람의 삶은 더 부유하고, 설령 돈이 부족한 시기가 와도 그 경험이 다음 도전의 발판이 되어 더 큰 성장을 만들어내는 걸 자주 보았습니다.

회계감사 제도가 꼭 필요할까요

편 회계감사 제도가 꼭 필요할까요?

전 주식을 하는 사람들은 재무제표를 봐요. 매출, 영업이익, 순이익 같은 숫자를 근거로 회사를 평가하죠. 기업 간 인수·합병이나 투자 판단도 결국 이 재무 정보를 바탕으로 이루어집니다. 그런데 중요한 건, 재무제표가 '숫자로 적혀 있다'라고 해서 곧바로 믿을 수 있는 건 아니라는 거예요.

회사는 매출을 부풀리거나, 손실을 감추거나, 부채를 줄여 보이게 할 수도 있습니다. 겉보기에는 건실해 보이지만 실제로는 부실이 심각한 경우도 있죠. 그래서 이런 정보를 신뢰할 수 있도록 검증하는 절차가 필요한데, 그게 바로 회계감사입니다.

회계감사는 단순히 숫자를 맞춰보는 일이 아닙니다. 그 숫자가 어떻게 만들어졌는지, 뒷받침하는 증빙이 있는지, 회계 기준에 맞게 작성됐는지를 꼼꼼히 확인합니다. 잘못된 부분은 수정하게 하고, 최종적으로 '이 재무제표는 믿을 수 있다'라는 보증을 해주는 거예요.

많은 사람이 '회계감사는 새로운 가치를 만들어내지 않는다'라고 말하기도 합니다. 하지만 저는 다르게 생각해요. 공장에서 물건을 생산하는 것만이 가치가 아니듯, 그 물건의 품질을 보증하는 것 역시 중요한 가치입니다. 회계감사도 마찬가지로, 보이지 않는 신뢰를 만들어냅니다.

만약 감사 제도가 없다면, 기업이 자의적으로 숫자를 조작하고, 투자자와 채권자는 속을 위험이 커집니다. 잘못된 정보가 퍼지면 한 기업의 문제가 아니라 시장 전체의 신뢰가 무너지고, 결국 경제가 흔들리게 되죠.

그래서 저는 회계감사가 단순히 과거를 확인하는 절차가 아니라, 경제의 미래를 지키는 제도라고 생각합니다. 자본시장은 신뢰가 없으면 돌아가지 않거든요. 투자, 거래, M&A, 채권 발행, 모든 활동의 출발점이 신뢰니까요. 눈에 보이지 않지만, 신뢰야말로 회계감사가 만들어내는 가장 큰 부가가치라고 생각합니다.

회계가 없어지면 이 세상은 어떻게 될까요

 회계가 없어지면 이 세상은 어떻게 될까요?

 회계가 없어지면 세상은 지금과는 완전히 다른 모습이 될 거예요. 회계는 단순히 회사 장부에 숫자를 적는 일이 아니라, 사람과 조직이 서로를 비교하고 평가할 수 있게 해주는 공통 언어예요.

회사든 정부든 개인이든, 돈이 얼마나 들어오고 나갔는지, 자산과 빚이 얼마나 있는지, 남은 이익이 얼마인지 보여주는 체계가 회계입니다. 만약 이 체계가 사라진다면 기업 간의 경쟁력을 비교할 수도 없고, 투자자들은 어떤 회사가 좋은 회사인지 알 수 없습니다. 은행은 대출해 주고 싶어도 그 기업이 돈을 갚을 능력이 있는지 확인할 수 없고, 정부도 세금을 제대로 걷지 못하겠죠. 결국 시장은 불확실성에 빠지고, 신뢰가 무너져 거래 자체가 어려워질 겁니다.

그리고 회계는 돈 문제만이 아니라 사회 전반의 의사결정에도 쓰여요. 병원이 새 장비를 살지, 학교가 기숙사를 지을지, 정부가 복지 예산을 늘릴지 줄일지도 모두 회계 정보가 기반이 됩니다. 이런 정보가 없다면 의사결정은 결국 '감'에 의존할 수밖에 없고, 그 결과는 비효율과 혼란으로 이어집니다.

그래서 저는 회계가 사라진 세상은 결국 신뢰가 없는 세상이라고 생각합니다. 그리고 신뢰가 없는 경제와 사회는 결코 오래 유지될 수 없죠.

사람을 만날 때 제일 먼저 무엇을 보나요

편 공인회계사는 사람을 만날 때 제일 먼저 무엇을 보나요?

전 저는 사람을 처음 만날 때 직책이나 배경보다 먼저 태도를 봅니다. 제가 만났던 잘나가는 오너나 재벌 2세, 3세들에게는 공통점이 있어요. 항상 바른 자세로 눈을 마주치며, 단어 하나도 신중하게 골라 정제된 표현으로 의사를 전한다는 거예요.

이런 태도는 단순히 예의 바름을 넘어, 상대방에게 신뢰와 무게를 줍니다. 저는 회계사로서 사람을 볼 때 그들의 말투, 시선, 몸가짐 같은 비언어적 신호에서 많은 것을 느껴요. 아무리 화려한 경력이나 직함을 가진 사람이라도, 태도에서 성의와 존중이 느껴지지 않으면 대화가 깊어지기 어렵습니다. 반대로 겸손하고 진중한 태도를 가진 사람은 처음 만나는 자리에서도 금방 신뢰를 얻습니다.

결국 사람을 평가하는 첫 번째 기준은 '무엇을 말하는가'보다 '어떻게 말하는가'라고 생각합니다. 그래서 저 역시 누군가를 만날 때 제 태도와 표현 방식을 더 신경 쓰려고 노력해요. 아직 부족한 점이 많지만, 앞으로 더 나아진 모습으로 성장해 있을 거라 믿습니다.

공인회계사는 숫자를 좋아하는 사람인가요

편 공인회계사는 숫자를 좋아하는 사람인가요?

전 저는 공인회계사를 단순히 '숫자를 좋아하는 사람'이라기보다는, 숫자에 책임을 지는 사람이라고 표현하고 싶습니다. 우리가 다루는 숫자는 단순한 1, 2, 3의 나열이 아니라, 그 뒤에 회사의 거래, 경영진의 의사결정, 이해관계자들의 기대가 담긴 무게 있는 정보예요.

기업이 제시한 금액이 타당한지, 증빙으로 뒷받침할 수 있는지 하나하나 확인하는 것이 우리 일의 핵심입니다. 그래서 숫자를 볼 때마다 '이게 사실일까? 근거가 충분할까?'라는 질문을 끊임없이 던지게 되죠.

물론 숫자에 특별한 애정이 없어도 회계사가 될 수 있습니다. 하지만 숫자를 싫어한다면 버티기 어렵습니다. 하루 종일 수치를 대조하고, 장부를 맞추고, 비율을 분석해야 하기 때문이죠. 다만 이 과정이 흥미로운 이유는, 숫자 자체는 거짓말을 하지 않기 때문입니다. 숫자는 늘 객관적이지만, 그 해석은 사람에 따라 달라질 수 있습니다. 그래서 회계사는 해석의 방향을 설득력 있게 제시하고, 그 해석에 신뢰를 부여하는 역할을 맡습니다.

사실 회계사가 숫자를 들여다보는 건 단순히 계산을 맞추기 위해서가 아닙니다. 숫자 속에는 회사의 이야기가 숨어 있어요. 예를 들어 매출이 갑자기 늘었다면, 그것이 사업 호황 때문인지, 일시적 계약 때문인지, 혹은 회계 처리 방식의 변화 때문인지 이유를 밝혀내는 게 회계사의 몫이죠.

결국 숫자는 사실을 비추는 거울이고, 회계사는 그 거울이 왜곡되지 않도록 닦아주는 사람이라고 생각합니다. 숫자 그 자체를 좋아하는 것보다, 숫자에 담긴 진실을 찾아내고 세상에 신뢰를 전하는 과정을 즐길 수 있다면, 이 직업에 잘 맞을 거예요.

공인회계사가 바라는 세상은 어떤 세상인가요

편 공인회계사가 바라는 세상은 어떤 세상인가요?

전 어떤 분들은 회계에 관해 과거를 기록하는 '죽은 숫자'라며, 회계 감사를 법과 제도 때문에 억지로 하는 절차라고 말합니다. 또 어떤 분들은 '회계팀이 명확하고 정직한 수치를 보여줘야 기업이 올바른 의사결정을 할 수 있다'라고 하시죠. 저는 회계사가 바라는 세상은 결국 '숫자가 거짓말하지 않는 세상'이라고 생각합니다.

회계라는 건 단순히 장부를 맞추는 일이 아니라, 기업이 어떻게 살아왔고 앞으로 어디로 가려는지를 보여주는 기록이에요. 그런데 이 숫자가 왜곡되거나 숨겨지면, 그 피해는 기업 하나를 넘어서 직원, 투자자, 거래처, 나아가 사회 전체로 번집니다.

그래서 저는 모든 기업이 투명하고 정직한 숫자를 세상에 내놓는 문화를 가지면 좋겠습니다. 그래야 투자자도, 직원도, 고객도 안심하고 그 기업과 함께할 수 있으니까요. 회계사가 이런 세상을 꿈꾸는 건 어쩌면 당연한 일일 겁니다. 우리의 일이 바로 신뢰를 지켜내는 일이니까요.

그리고 한 걸음 더 나아가서, 회계가 단순히 규제 때문에 억지로 하는 '의무'가 아니라, 회사 스스로 더 건강하게 만들고 미래를 설계하기 위한 도구로 자리 잡았으면 합니다. 그런 세상이 되면 회계사는 감시자가 아니라, 기업의 동반자로서 더 큰 신뢰를 받을 수 있을 거라 믿습니다.

공인회계사가 많이 사용하는 회계 용어 10

1. 한국채택국제회계기준(K-IFRS) & GAAP

K-IFRS(Korean International Financial Reporting Standards)

: 국제회계기준(IFRS)을 토대로 한국 기업 환경에 맞게 채택·적용한 회계기준.

원칙 중심(principle-based) 접근: 큰 틀의 원칙을 제시하고, 세부적인 판단은 기업과 회계사에게 맡깁니다.

GAAP(Generally Accepted Accounting Principles)

: '일반적으로 인정된 회계원칙'이라는 뜻. 국가별로 조금씩 다른 GAAP이 존재합니다. (예: 미국은 US GAAP, 일본은 J-GAAP, 한국은 과거 K-GAAP)

규정 중심(rule-based) 접근: 상세하고 구체적인 규정을 두어 기업이 따르도록 합니다.

차이점 요약

- K-IFRS: 원칙을 정해놓고 기업이 상황에 따라 유연하게 적용 → 국제 비교 가능성이 좋음.
- US GAAP: 규칙을 세세하게 만들어 모든 경우의 수를 규정 → 해석 여지가 적고 법적 안정성이 강함.

사례

한국의 상장기업은 반드시 K-IFRS로 재무제표를 작성해야 합니다.

2. 자산(Assets)

자산은 기업이 과거의 거래나 사건을 통해 획득하여 현재 보유하고 있고, 앞으로 현금 유입이나 경제적 이익을 가져다 줄 것으로 기대되는 자원을 말합니다.

쉽게 말해, '지금은 기업이 가지고 있지만, 앞으로 돈을 벌어다 줄 것들'이라고 이해할 수 있어요.

자산에는 크게 세 가지가 있습니다.

- 유형자산: 건물, 기계, 토지처럼 눈에 보이고 만질 수 있는 것
- 무형자산: 특허권, 소프트웨어, 브랜드 가치처럼 눈에 보이지 않지만 경제적 가치를 가진 것

• 금융자산: 현금, 예금, 주식, 채권처럼 금융 거래와 관련된 것

삼성전자의 반도체 제조 설비 → 유형자산

엔터테인먼트에서 연예인에게 지급한 전속계약금 → 무형자산

기업이 보유한 현금 및 은행 예금 → 금융자산

또, 일상적인 예로 카페 창업을 들 수 있어요.

커피머신, 매장 건물 → 유형자산

카페 브랜드명, 로고 디자인 → 무형자산

통장 속 예금 → 금융자산

3. 부채(Liabilities)와 자본(Equity)

정의

부채는 기업이 과거에 돈을 빌리거나 물건·서비스를 외상으로 사면서 생긴 갚아야 할 의무를 말해요.

쉽게 말해 '기업이 남에게 빚진 것'이라고 생각하면 돼요.

예 은행 대출(차입금), 외상 매입(미지급금), 회사채(사채)

자본은 기업의 자산에서 부채를 빼고 남은 순수한 몫으로, 결국 기업의 주인(주주)에게 귀속되는 재산이에요.

쉽게 말해 '기업이 가진 것 중 빚을 갚고도 남은 진짜 자기 돈'이에요.

📧 주식을 발행해서 모은 돈(자본금), 기업이 벌어들여 쌓아둔 이익(이익잉여금)

예시

부채 예시: 어떤 기업이 은행에서 100억 원을 빌렸다면, 기업의 재무제표에는 '차입금(부채)' 100억 원이 기록돼요.

자본 예시: 기업이 새로운 주식을 발행해 50억 원을 모았다면, 이는 '자본금(자본)'이 늘어난 거예요.

재무상태표의 가장 기본 공식은:

자산 = 부채 + 자본

즉, 기업이 가진 모든 자산(Assets)은 '남에게 빌린 돈(부채)'과 '자기 돈(자본)'의 합이라는 뜻이에요.

4. 매출액(Revenue / Sales)

정의

매출액은 기업이 일정 기간 상품을 팔거나 서비스를 제공해서 벌어들인 돈이에요.

단순히 돈을 받았다고 다 매출이 되는 건 아니고, 실제로 고객에게 약속한 상품이나 서비스가 전달된 시점에 매출로 기록합니다. 이 기준은 국제회계기준(IFRS 15, 한국에서는 K-IFRS 제1115호)에서 정한 규칙이에요. 즉, '고객이 물건이나 서비스를 사용할 수 있게 된 순간'이 매출 인식의 핵심이에요.

※매출액은 기업의 성과를 보여주는 가장 대표적인 지표예요. 하지만 매출액이 많다고 무조건 이익이 큰 건 아니에요. 예를 들어, 매출은 크지만, 원가나 비용이 너무 많이 들어가면 오히려 적자가 날 수도 있죠.

예시

- 스타벅스 → 1년 동안 커피, 음료, 굿즈(MD 상품)를 팔아서 올린 총금액이 매출액이에요.
- IT 기업 → 고객과 3년짜리 소프트웨어 계약을 맺어도, 계약금 전액을 처음에 받았다고 해서 바로 매출이 되는 건 아니에요. 실제로 서비스가 제공된 연도별 비율만큼 나눠서 매출로 인식합니다.

5. 매출원가(Cost of Goods Sold, COGS)

정의

매출원가는 기업이 상품을 팔거나 서비스를 제공하기 위해 직접적으로 들어간 비용이에요.

제조업(공장에서 만드는 기업) → 원재료비(밀가루, 철강 등), 인건비,

기계 가동 비용

　도소매업(사서 되파는 기업) → 상품을 매입할 때 든 비용, 운송비, 관세 등

즉, '팔기 위해 직접 들어간 비용'만 포함돼요.

　※ 매출액에서 매출원가를 뺀 금액이 바로 '매출총이익(=Gross Profit)'이에요.

　→ 매출원가가 높으면 남는 돈(이익)이 줄고, 매출원가를 잘 관리하면 같은 매출이라도 더 많은 이익을 남길 수 있습니다.

예시

1. 제과 회사(빵집): 빵을 만들 때 들어가는 밀가루, 설탕, 우유, 제빵사 인건비 → 매출원가
2. 무역회사: 해외에서 1억 원짜리 상품을 사 와서 되팔 때, 그 상품 값 + 운송비 + 관세 → 매출원가
3. 카페: 커피 한 잔을 팔 때 들어간 원두, 우유, 시럽값 → 매출원가

6. 영업이익(Operating Income) & 당기순이익(Net Income)

정의

영업이익

　매출액에서 '매출원가 + 판매비와 관리비(SG&A)'를 뺀 금

액이에요.

→ 기업이 본업(핵심 사업)으로 얼마나 돈을 잘 벌고 있는지
를 보여줍니다.

→ '이 회사의 장사 실력'

당기순이익

영업이익에 영업 외의 수익·비용(이자, 투자수익, 환차손 등)과
법인세까지 반영한, 최종적으로 남은 이익이에요.

→ 주주에게 돌아가는 '진짜 성과'라고 할 수 있습니다.

→ '이 회사의 전체 성적표'

차이를 쉽게 이해하기

영업이익 = 가게에서 떡볶이 팔아서 번 돈 − (재료비 +
아르바이트비 + 전기세)

당기순이익 = 영업이익 + (은행 이자수익, 건물 팔아서 번
돈 등) − (대출 이자, 세금 등)

즉, 영업이익은 본업 실력이고, 당기순이익은 종합 성과입니
다.

한 제조업체가 본업으로 100억 원을 벌었다 (영업이익 = 100억).

→ 그런데 회사가 보유한 건물을 팔아 50억 원의 일회성 이익이 생겼다.

→ 당기순이익 = 150억 원

다른 기업이 본업에서 200억 원을 벌었지만(영업이익), 환율이 급등해서 외환 손실 300억 원이 났다.

→ 당기순이익 = -100억 원(적자)

정리하면, 영업이익은 '본업에서 돈을 얼마나 잘 버는지'를 보여주고, 당기순이익은 '모든 길 합쳐 최종적으로 얼마나 남겼는지'를 보여주는 지표예요.

7. 현금흐름표(Cash Flow Statement)

현금흐름표는 '일정 기간 현금이 어디서 들어오고(유입), 어디로 나갔는지(유출)'를 보여 주는 재무제표입니다.

손익계산서가 '이익'을 보여 준다면, 현금흐름표는 '현금의 실제 움직임'을 보여 줍니다.

→ 이익은 장부상 수치라서 실제 돈이 안 들어올 수도 있

지만, 현금흐름표는 진짜 돈이 얼마나 오고 갔는지를 알려주기 때문에 기업의 실제 생존력을 평가하는 데 필수적입니다.

3가지 구분

• 영업활동 현금흐름

기업의 본업(상품 판매, 서비스 제공)에서 생기는 현금 흐름

예: 고객에게서 매출채권 회수(+), 원재료 구매(-), 직원 급여 지급(-)

• 투자활동 현금흐름

설비 투자, 부동산 매매, 금융 투자 등에서 발생하는 현금 흐름

예 공장 설비 구매(−), 토지 매각(+), 타 기업 지분 투자(−)

• 재무 활동 현금흐름

자본 조달이나 상환 등과 관련된 현금 흐름

예 주식 발행(+), 대출 상환(−), 배당금 지급(−)

> **예시**
>
> 어떤 기업이 100억 원의 순이익을 냈는데, 매출채권 회수가 늦어 실제 현금 유입은 30억 원밖에 안 될 수 있습니다.
>
> → 현금흐름표에서 이런 차이를 확인할 수 있습니다.
>
> 스타트업이 투자 유치로 50억 원 현금 확보

> → 재무 활동 현금흐름 +50억 원
>
> 건설사가 토지를 매입해 20억 원 현금 지출
>
> → 투자활동 현금흐름 -20억 원

8. 감가상각 (Depreciation)

정의

유형자산(건물, 기계, 차량 등)의 취득원가를 사용 기간에 걸쳐 합리적으로 배분하는 회계 처리입니다.

K-IFRS에서는 자산의 사용 가능 햇수와 잔존가치를 고려하여 감가상각 방법을 선택합니다. (정액법, 생산량 비례법 등)

예시

1억 원짜리 기계를 구매해 10년 사용한다면 → 매년 1,000만 원씩 감가상각비로 인식 (정액법 기준)

9. 충당금 (Allowance / Provision)

정의

충당금은 쉽게 말해서 앞으로 생길 가능성이 높은 비용이나 손실을 미리 대비해서 지금부터 장부에 잡아두는 돈이에요.

회사가 소송에 걸렸는데 웬만하면 질 것 같고, 예상 손실이 5억 원쯤 된다면 '나중에 갑자기 5억이 툭 튀어 나가면 곤란하잖아?'하고 미리 그 금액을 장부에 부채로 기록해 두는 거예요.

또 다른 예로, 전자제품 회사가 '우리 제품은 1년 보증이니까 무상 수리 비용이 꽤 나갈 거다'라고 예상하고, 그 금액을 제품보증 충당금으로 따로 설정해 둡니다.

그리고 흔히 나오는 게 대손충당금인데, 매출채권(외상값) 중에서 '아, 이거는 못 받을 확률이 높다' 싶은 금액을 미리 비용으로 잡아 두는 거죠.

즉, 충당금은 '혹시 모를 상황에 대비해서 장부에 미리 비용이나 손실을 준비해 두는 회계적 안전장치'라고 보면 됩니다.

10. 손상차손(Impairment Loss)

손상차손은 쉽게 말해서 장부에는 자산 가치가 5억 원이라고 적혀 있는데, 실제로는 그만큼 못 쓰거나 못 받을 것 같을 때, 장부 금액을 줄이고 손실로 잡는 것이에요.

회사가 5억 원 주고 산 기계가 있었는데, 기술이 너무 빨리 바뀌어서 지금 시장에서는 2억 원밖에 못 쓰는 상황이라면? 장부에 적혀 있는 금액(5억)과 실제 쓸 수 있는 가치(2억) 차이인 3억 원을 손상차손으로 비용 처리하는 거예요.

또는 부동산 개발하려고 산 땅이 인허가가 안 나서 가치가 뚝 떨어지면, 장부에 그냥 옛날 금액을 적어두면 안 되잖아요? 실제 회수 가능한 수준까지 장부 금액을 줄여야 합니다.

투자한 지분도 마찬가지예요. '이 회사에서 투자한 만큼의 가치가 없을 것 같다' 싶으면 손상차손을 잡아서 재무제표가 현실을 반영하도록 하는 거죠.

즉, 손상차손은 '회계 장부 속 숫자와 실제 가치가 차이 날 때, 현실에 맞게 조정하는 회계 처리'라고 보면 돼요.

숫자에 신뢰를 부여하는
공인회계사

공인회계사
전태웅 스토리

편 청소년기에 어떤 학생이었나요?

전 저는 원래 화가가 꿈이었어요. 대학에 가서도 미술을 전공하고 싶었죠. 그런데 어린 시절 건강검진에서 눈이 색약이라는 걸 알게 됐어요. 그 순간, 색을 정확히 구분할 수 없는데 미술을 하는 건 어렵겠구나 싶었고, 결국 진로를 완전히 바꾸게 됐습니다.

대신 그때부터는 영어, 수학, 과학 같은 과목에 더 집중했어요. 고등학교 3학년 때는 문과를 선택했지만, 재미있게도 수학에 대한 호기심이 커져서 혼자 수학 II 교과서를 풀어보기도 했어요. 타원함수 같은 것도 공부했는데, 그냥 뭔가 궁금해지면 끝까지 파고드는 성격 때문이었던 것 같아요.

집안은 평범했어요. 아버지는 회사원이셨고, 어머니는 국어 선생님이셨습니다. 성적은 상위권을 유지했지만, 그렇다고 공부만 하는 학생은 아니었어요. 관심 있는 건 뭐든 도전해보고 싶어 하는 스타일이었죠. 문과·이과 구분도 크게 중요하지 않았어요. 저한테는 그냥 '하고 싶은 걸 해본다'가 더 중요한 기준이었거든요.

그리고 또 하나, 저는 게임을 거의 하지 않아요. 이유가 딱 하나 있는데, 중학교 2학년 여름방학 때 '대항해시대'라는 게임을 하다가 방학을 통째로 날려버린 적이 있어요. 그때 깨

달았죠. ‘아, 나는 게임에 한 번 빠지면 헤어 나오기 힘든 사람이구나…’ 그래서 그 뒤로는 아예 게임에 손에 대지 않고 있습니다.

■ 이 진로를 정하게 된 계기는 무엇인가요?

■ 사실 군대를 제대할 때까지만 해도 진로가 뚜렷하지 않았어요. ‘이제 뭘 해야 하지?’ 막막한 시기였죠. 그때 형이 경제학과 전공이었는데, “문과 나와서 취직할 데가 많지 않으니, 회계라도 공부해 봐라.” 하면서 회계 원리 책을 건네줬습니다.

책을 읽는데, 재미있는 게, 문제마다 ‘더 자세한 건 중급회계에서 다룹니다’, ‘고급 회계에서 다룹니다’라는 문구가 나오더라고요. 그게 제 호기심을 자극했어요. ‘그럼, 중급, 고급에서는 뭘 배우는 거지?’하고요. 그때부터 회계에 더 깊이 들어가고 싶다는 마음이 생겼습니다.

그런데 막상 시험을 준비하다 보니, 단순히 회계만 잘한다고 되는 게 아니었어요. 경제학, 경영학, 재무관리, 상법까지 전부 들어가더라고요. 처음에는 아무것도 모르고 책만 파고들었는데, 당연히 효율이 떨어질 수밖에 없었죠. 성적도 기대에 못 미쳤고요. 그래서 전략을 바꿨습니다. 학원 강의를 들으면서 시험 흐름과 핵심을 잡는 방식으로 공부법을 바꾼 거예요.

대학교 때는 복수전공으로 관련 지식을 넓히고, 이후 약 2년 반 동안은 정말 규칙적으로 살며 시험 준비에 몰두했습니다. 아침 일찍 도서관 가서 공부하고, 집에 와서는 복습하고, 주말에도 거의 쉬지 않았어요. 그렇게 치열한 시간을 보내고, 마침내 2010년에 공인회계사 시험에 합격했습니다. 합격 통보를 받던 순간은 지금도 생생해요. 고생이 한순간에 보상받는 기분이었고, '아, 이 길을 선택하길 잘했다'라는 확신이 들었습니다.

편 나의 어떤 자질이 이 직업과 잘 맞았나요?

전 저는 어릴 때부터 뭔가를 끝까지 파고드는 집요함이 있었던 것 같아요. 그림을 그릴 때도 공간을 남기지 않고 꼼꼼히 채워야 직성이 풀렸거든요.

공인회계사 업무도 이와 비슷합니다. 숫자와 자료를 계속 확인해야 하고, 어떤 결론이 나오려면 반드시 증빙이 있어야 하죠. 만약 증빙이 없다면, 그걸 대신할 수 있는 근거를 끝까지 찾아야 합니다. 단순히 담당자의 말을 듣고 '그렇구나' 하고 넘어가는 게 아니라, 한 단계 더 깊이, 또 한 단계 더 깊이 파

[별지 제5호서식]

등록번호 제   호

공인회계사등록증

성   명 : 전 태 웅
생 년 월 일 :   년   월   일
유 효 기 간 : 2016.10.18 ~ 2021.10.17

위 사람은 2011 년 10 월 18 일자로
공인회계사등록부에 등록되었음을 증명합니다.

2016 년 10 월 18 일

한국공인회계사회회장

이 등록증은 공인회계사법 제52조 제2항 및 공인회계사법시행령 제 38조의
규정에 의하여 금융위원회로부터 업무위탁을 받아 공인회계사회가 증명한 것임.

22223-02411일
97. 3. 17 승인

210mm×297mm
보통용지(1종) 120g/㎡

고들어서 의문을 완전히 해소해야 하죠.

이 과정에서 조금이라도 대충하면 나중에 감사보고서나 중요한 의사결정에서 큰 문제가 될 수 있습니다. 그래서 저처럼 '끝까지 확인하지 않으면 못 견디는 성격'이 이 직업과 잘 맞았던 것 같습니다.

편 가족들은 적극 지지해 주었나요?

전 처음에 제가 회계사 공부를 한다고 했을 때는 부모님이 솔직히 저를 믿어 주지 않으셨어요. 지금 생각해 보면 당연한 일이었죠. 대학 시절 내내 공부보다는 놀기에만 빠져 있었거든요. 20대를 어떻게 그렇게 흘려보냈나 싶을 정도예요. 그런 저를 보면서 '정말 할 수 있을까?' 하는 의심이 드셨을 겁니다.

그런데 제가 공부를 결심한 뒤에는 완전히 달라졌습니다. 하루하루 규칙적으로 공부에 매달리고, 늦게까지 도서관에 있다가 집에 들어오는 제 모습을 보면서 부모님도 점점 믿어 주셨고, 결국 전폭적으로 지지해 주셨어요. 힘든 생활이었지만, 늘 안쓰러운 눈빛으로 응원해 주셨던 게 큰 힘이 됐습니다.

그리고 결혼 후에도 가족의 지지가 정말 중요했어요. 사실 회계사라는 직업은 워낙 바쁘다 보니, 배우자의 이해가 없으면 갈등이 생기기 쉽습니다. 실제로 교제하다가도 일이 너무 바빠서 헤어지는 경우가 많거든요. 다행히 제 아내는 대기업 비서실에서 근무했던 경험이 있어서 제 상황을 잘 이해해 주었습니다. 밤늦게까지 일하고, 새벽같이 출근하는 생활을 해봤기 때문에 제가 아무리 바빠도 불평하지 않았어요. 그런 가족의 이해와 지지가 있었기에 지금까지 버틸 수 있었다고 생각합니다.

편 인생에서 가장 힘들었던 적은 언제예요?

전 돌아보면 몸도 마음도 지쳐서 쓰러질 만큼 힘들었던 날들이 정말 많았어요. 그런데 막상 '가장 힘들었던 순간이 언제냐'라고 묻는다면, 딱 하나를 꼽기가 어렵습니다. 매년 감사 시즌이 되면 며칠씩 밤을 새우며 일하고, 집에 와서는 잠을 자는 건지 그냥 쓰러지는 건지도 모를 정도로 쪽잠을 자다가 다시 출근하곤 했거든요.

그런데도 신기한 건, 3월 말이 되어 감사보고서를 하나씩 내보내는 순간이 찾아오면, 그동안 힘들었던 기억이 눈 녹듯 사라진다는 겁니다. 그 순간 느껴지는 후련함과 성취감이 워낙 커서 몇 달간 쌓였던 피로가 단숨에 씻겨 내려가는 것 같아요.

시즌이 시작되면 동료끼리 항상 "올해는 왜 작년보다 더 힘든 것 같지?"라는 말을 합니다. 농담 같지만, 그만큼 매년 한계까지 몰리는 거죠. 그런데 또 신기하게 그 말을 하면서도 결국 다 같이 다음 시즌을 준비하고 있어요. 아마 서로가 같은 고생을 하고 있다는 공감, 그리고 함께 버티고 있다는 연대감이 있어서 버틸 수 있는 것 같습니다.

결국 지나고 보면 힘들었던 기억은 희미해지고, '그래, 이번에도 해냈다'라는 성취감과 동료애가 더 선명하게 남아요. 그래서인지 지금, 이 순간이 가장 힘든 시간이자, 동시에 가장 기쁜 시간이기도 합니다. 감사라는 일이 매년 같은 사이클을 반복하는 것처럼 보여도, 그 안에서 쌓이는 경험과 사람들과의 관계는 매번 새롭고, 그게 제가 이 일을 지속하는 힘이 되는 것 같아요.

편 인생에서 가장 행복했던 기억이 언제예요?

전 제 인생에서 가장 행복했던 순간을 하나만 꼽으라면, 주저 없이 딸 서윤이가 태어났을 때예요. 그때를 떠올리면 지금도 마음이 뭉클해집니다. 올해 벌써 초등학교 2학년이 되었는데, 밥 먹는 모습, 자는 모습, 툴툴거리는 모습, 울다가 금세

웃는 모습까지⋯ 하루하루가 참 사랑스럽습니다.

가끔 핸드폰에 옛날 아기 때 사진이 뜨면, '벌써 이렇게 많이 컸구나' 싶으면서도 그 시절이 그리워져요. 그러면서 하루에도 몇 번씩 '아, 내가 세상에서 제일 잘 한 일은 이 아이의 아빠가 된 거구나'라는 생각을 합니다.

또 재미있는 건, 서윤이가 저를 닮아서인지 꿈이 화가예요. 저도 어릴 적 화가를 꿈꾼 적이 있어서 그 얘기를 들었을 땐 기분이 참 묘했습니다. 아직은 그림 솜씨가 완벽하지 않지만, 색감이 정말 뛰어나요. 작품을 완성해 놓으면 전체적인 균형을 보는 눈이 남다르다는 게 느껴집니다.

언젠가 서윤이가 인생의 역작이라고 불릴 작품을 남기지 않을까 하는 기대도 있어요. 그래서 지금 딸이 보여주는 작은 성장 하나하나가 저에겐 세상의 어떤 성취보다 값지고 소중한 순간입니다.

<편> 인생의 멘토는 누구인가요?

<전> 사실 제가 이 일을 그만두고 싶다고 진지하게 고민했던 시기가 있었어요. 스트레스는 어느 정도 참을 수 있었는데, 그때는 건강까지 안 좋아져서 빈혈로 헤모글로빈 수치가 성인남성의 절반 정도까지도 내려갔거든요. 결국 저를 걱정하

‎↕ 세상에서 가장 소중한 보물, 딸아이가 그린 그림

신 선배 파트너 일곱 분이 차례로 면담해 주셨습니다.

그런데 놀라운 건, 겉으로 보기엔 정말 흔들림 없어 보이던 분들조차 "나도 예전에 회사를 나가려고 했었다"라고 말씀하시더라고요. 그 말이 저한테는 엄청난 충격이자 동시에 큰 위로였습니다. '아, 나만 힘든 게 아니구나' 하는 걸 처음으로 느꼈어요.

특히 한 선배님이 제 마음을 다잡는 데 정말 큰 도움을 주셨습니다. 그분이 하신 말씀이 아직도 기억에 남아요.

"계속 올라가든, 퇴사하든, 그건 네 선택이다. 다만 어떤 길을 가든 반드시 본인만의 철학을 가져라. 이 법인에 남든, 다른 회계법인으로 옮기든, 아니면 완전히 다른 일을 히든, 내가 왜 이 일을 하고, 어떻게 하고, 언제까지 할 건지를 멀리 내다봐라."

그리고 마지막에 "네가 어디에 있든 나는 항상 널 응원하겠다"라고 하셨는데, 그 말이 제겐 정말 큰 힘이 됐습니다.

그 이후로도 제가 힘들 때면 종종 찾아가 상의했고, 그분은 늘 묵직한 위로와 조언을 해주셨어요. 저도 후배들이 퇴사 고민을 할 때마다 "너무 일희일비하지 말고, 멀리 내다보라"라는 비슷한 얘기를 해주곤 했는데, 선배님이 제게 해주셨던 말은 확실히 깊이와 무게가 달랐습니다. 경험에서 우러나오는 울림이 있었거든요.

일하다 보면 어려운 상황은 꼭 생깁니다. 고객과의 마찰, 동료와의 갈등, 팀장이 됐을 땐 팀원들이 안 따라줄 때 오는 답답함 같은 거요. 그때마다 회피하듯 그만두는 게 아니라, '내가 언제까지, 어떤 모습으로 이 일을 할 건지' 큰 목표를 세워 두면 확실히 버틸 힘이 생기는 것 같습니다.

편 이 직업은 내 인생에서 어떤 의미가 있나요?

전 저한테 공인회계사라는 직업은 그냥 생계를 위한 '일자리'가 아니에요. 제 인생의 큰 틀, 프레임을 만들어 준 존재라고 생각합니다. 이 일을 하면서 문제를 바라보는 시각, 사람들과 관계를 유지하는 방법, 자신을 단련하는 습관까지 정말 많은 걸 배우게 됐어요. 그리고 그런 과정들이 쌓여서 제가 사회의 한 구성원으로서 성장할 수 있었죠.

매년 시즌마다 반복되는 압박과 마감 속에서 버티고 또 버티다 보니, 웬만한 어려움에도 쉽게 흔들리지 않는 내구성이 생겼습니다. 사실 이런 훈련은 다른 데서는 경험하기 힘들거든요.

또 하나, 이 직업 덕분에 제 시야가 훨씬 넓어졌습니다. 고객의 사업과 재무를 제대로 이해하려면 자연스럽게 그 산업과 시장을 공부하게 되거든요. 그래서 새로운 고객을 만날 때마다 마치 다른 세상의 문을 여는 기분이 들어요. 겉으로 보기엔 매년 같은 회계감사를 반복하는 것 같지만, 실제로는 해마다 새로운 산업, 새로운 사람들을 접하면서 저의 관심사와 시야가 계속 확장됩니다.

결국 이 직업을 통해 쌓아온 경험들은 단순히 직업적인 역량을 키워준 게 아니라 제 개인적인 성장을 이끌어줬어요. 그래서 저에게 공인회계사라는 직업은 단순한 직업이 아니라, 평생 함께할 친구이자 세상을 탐험하게 만드는 나침반 같은 존재라고 말할 수 있습니다.

편 공인회계사 전태웅의 꿈은 무엇인가요?

전 학생 때까지만 해도 제 꿈은 그냥 '좋은 사람'이 되는 거였어요. 좋은 아들, 좋은 남편, 좋은 아빠… 누군가에게 미움받지 않고, 늘 배려하고, 좋은 인상을 주는 사람이 되고 싶었던 거죠. 지금 돌이켜보면, 그건 어쩌면 '착한 사람 콤플렉스'였던 것 같아요. 겉으로 보기엔 착해 보일 수 있지만, 정작 어려움이 닥쳤을 때는 제대로 맞설 힘이 부족했거든요.

이제는 생각이 달라졌습니다. 진짜 좋은 사람이란 단순히 착하기만 한 사람이 아니라, 어려움이 와도 그걸 피하지 않

⋮ 세상에서 가장 소중한 보물, 딸아이가 그린 그림

고 끝까지 버텨내는 힘을 가진 사람이라고 믿습니다. 그래야 자기 자신도 지킬 수 있고, 또 다른 사람에게도 진짜 도움이 될 수 있죠.

그래서 지금 제 꿈은, 후배들이 저한테만 기대지 않고 스스로 설 수 있도록 돕는 선배가 되는 거예요. 제가 먼저 길을 조금 열어주고, 그 길 위에서 그들이 주저하지 않도록 옆에서 함께 걸어주는 동반자가 되고 싶습니다.

저 혼자 잘나가는 사람이 아니라, 함께 성장하는 문화를 만드는 것. 그리고 지금 몸담은 회사에서 오래도록 그런 동료로 남는 것. 그게 제 인생에서 가장 오래 품고 싶은 꿈이자, 앞으로 지켜가고 싶은 목표입니다.

이 책을
마치며

 공인회계사 길을 걸어온 자기 자신에게 건네고 싶은 말씀이 궁금합니다.

 저에게 솔직히 이야기해 볼게요.

"처음 네가 회계사 공부를 시작했을 때를 떠올려 보면, 솔직히 무모할 만큼 열정 하나만 믿고 달려들었던 것 같아. 그때는 이 길이 얼마나 길고 험한지, 또 얼마나 많은 사람들과의 관계 속에서 단련되어야 하는지 전혀 몰랐지. 그런데 결국 버텼고, 여기까지 왔잖아.

돌아보면, 조금 더 자신을 믿고, 주변 시선보다 네가 세운 기준에 집중했으면 어땠을까 싶어. 실패를 두려워하지 말고, 힘든 순간에도 그 시간이 언젠가 다 너의 자산이 될 거라는 걸 잊지 않았으면 좋겠다. 그리고 네가 혼자가 아니었다는 것도 꼭 기억해. 늘 곁에서 응원해 준 동료와 선배들, 가족이 있었잖아. 그들의 도움 덕분에 지금의 네가 있는 거니까.

이제 새롭게 맡은 '파트너'라는 역할… 실적이든, 네트워킹이든, 영업이든, 분명 지금은 부족하고 힘들고 버거울 거야. 하지만 넌 원래 그런 걸 이겨내면서 여기까지 온 사람이잖아. 이번에도 충분히 해낼 거고, 그렇게 성장한 네가 또 다른 후배들을 잘 이끌어 줄 거라고 나는 믿어."

편 지금까지 장시간의 인터뷰였습니다. 이제 마무리할 시간인데, 소감이 어떠신가요?

전 이렇게 제 이야기를 처음부터 끝까지 길게 풀어본 건 정말 오랜만인 것 같아요. 평소에는 늘 바쁘게 일만 하다 보니, 누군가 제 인생 얘기를 차분히 들어줄 기회가 잘 없었거든요. 그런데 질문을 하나씩 받으면서 예전 기억들이 많이 떠올랐고, 저 자신도 그 시간을 다시 돌아보고 정리할 수 있었던 뜻깊은 시간이었습니다.

무엇보다 제 경험이 누군가에게 조금이라도 도움이 된다면, 그게 가장 큰 보람일 것 같습니다. 그리고 제 긴 이야기를 끝까지 들어주신 것만으로도 정말 감사하다는 말씀을 드리고 싶어요.

마지막으로 이 책을 읽을 청소년 여러분께 꼭 전하고 싶은 말이 있습니다. 만약 제가 10년 전에 같은 질문을 받았다면 아마 전혀 다른 대답을 했을 겁니다. 그리고 10년 후에 또 같은 질문을 받는다면, 그때는 또 다른 시각과 의미로 답하겠지요. 하지만 한 가지는 변하지 않는다고 확신합니다.

그건 바로 공인회계사의 핵심은 '신뢰'라는 사실입니다. 회계사는 단순히 숫자를 맞추는 사람이 아니라, 그 숫자 속에 담긴 진실을 지키고, 사회가 안심할 수 있는 신뢰를 만들어내는 사람입니다. 세월이 흐르고 환경이 바뀌어도, 이 가치만큼은 변하지 않을 거라고 믿습니다.

편 저는 이 인터뷰를 하면서 초반에는 학생들이 너무 어렵게 느끼진 않을까 걱정했습니다. 그런데 이야기를 듣다 보니 회계가 생각보다 훨씬 가깝게 다가왔고, 우리 집 가계부부터 숫자로 기록하고 정확히 인식해야겠다는 결심도 생겼습니다. 무엇보다 이 직업이 건강한 사회를 위해 얼마나 중요한지 새삼 느끼게 되었습니다.

전 그렇게 느껴주셨다니 정말 기쁩니다. 사실 회계는 겉으로 보면 숫자와 표만 가득해서 딱딱해 보이지만, 결국은 '사회가 믿고 거래할 언어'를 만드는 일이라고 생각합니다.

학생들이나 일반인들도 가계부를 쓰고 지출을 기록하는 것만으로도 생활이 훨씬 투명해지고 계획이 서듯이, 기업도 회계를 통해 건강한 운영을 할 수 있습니다. 그리고 그 신뢰가 모여서 사회 전체가 튼튼해지는 거죠.

그래서 저는 회계사가 단순히 기업을 위한 직업이 아니라, 우리 사회의 신뢰를 지탱하는 역할을 한다고 믿습니다. 청소년 여러분도 회계를 단순한 숫자가 아니라, 숫자 속에 담긴 이야기와 의미를 읽어내는 눈으로 바라봤으면 합니다. 그렇게 본다면 회계는 결코 딱딱한 학문이 아니라, 세상을 이해하는 또 하나의 언어라는 걸 알게 될 거예요.

편 이 책을 읽는 독자들이 어떤 직업인이 되기를 바라시나요?

전 저는 어떤 직업을 선택하든, '내가 왜 이 일을 하는지'에 대한 분명한 이유를 꼭 가졌으면 합니다. 돈이나 명예 같은 외적인 목표도 물론 중요하지만, 결국 오래 버티고 성장하게 만드는 건 마음속에서 나오는 내적 동기와 사명감이에요.

그리고 두 번째로, 어떤 상황에서도 배움의 태도를 잃지 않았으면 합니다. 직업의 길은 언제나 변화하고, 예상치 못한 도전이 생기기 마련이지만, 그 과정을 통해 배우고 성장하는 사람은 시간이 지날수록 더 단단해지고 오래갑니다.

마지막으로, 혼자가 아니라 함께 가는 직업인이 되길 바랍니다. 동료를 존중하고, 후배를 이끌고, 선배에게 배우며 함께 성장하는 것, 그것이야말로 진정한 프로페셔널이자 건강한 사회의 구성원이 되는 길이라고 믿습니다.

편 공인회계사로서 살아온 삶이 행복하셨나요?
전 네, 힘든 순간도 정말 많았지만, 전체적으로는 분명 행복했다고 말할 수 있을 것 같습니다. 매년 새로운 고객과 산업을 접하면서 시야가 넓어지고, 제가 가진 호기심이 일과 맞물려 성장하는 느낌을 받을 때 큰 보람을 느꼈습니다.

물론 감사 시즌에는 몸도 지치고 마음이 힘들 때도 많았지만, 보고서를 마무리하고 나서 찾아오는 성취감은 그 모든 피로를 잊게 해줍니다.

무엇보다 좋은 동료들과 함께 일하며 서로 배우고 도우며 성장해 온 시간… 그것이 제 인생에서 가장 큰 행복이었습니다. 앞으로도 그 행복을 지혜롭게 잘 지켜 나가고 싶습니다.

편 청소년 여러분, 이제 뉴스에서 '회계감사'나 '분식회계' 같은 기사가 나오면 귀가 쫑긋할 것 같지 않나요? 저는 오늘 인터뷰를 통해 지식뿐 아니라 지혜까지 얻을 수 있었던 귀중한 시간이었습니다. 전태웅 공인회계사님, 청소년들을 위해 이렇게 함께해 주서서 정말 감사합니다.

이 세상의 모든 직업이 여러분을 차별하지 않고 모든 문을 활짝 열 수 있도록, 잡프러포즈 시리즈는 앞으로도 부지런히 달려가겠습니다.

다음 편에서 또 뵙겠습니다. 감사합니다!

나도 공인회계사

청소년을 위한
회계·재무 체험 활동
아이디어

1 우리 반 재무제표 만들기

활동 내용 조별로 가상의 '우리 반 회사'를 만들어 한 달간 가상의 수입과
지출을 기록합니다.

성과물 매출·비용·이익·자산·부채 항목을 포함한 손익계산서와 재무
상태표.

심화 활동 조별로 서로의 재무제표를 교차 검토하며 '감사' 역할 체험.

학습 포인트 기업 재무제표의 기본 구조와 감사의 의미를 이해한다.

② 기업 탐방 보고서 작성

활동 내용 조별로 관심 있는 실제 기업을 선정하고, 최근 재무제표를 금융감독원 전자공시시스템(DART)이나 회사 홈페이지에서 찾아 분석합니다.

성과물 "이 회사는 성장할까? 어떤 위험 요인이 있을까?"라는 주제로 조별 발표.

학습 포인트 실무에서 기업 재무제표를 해석하고 미래를 예측하는 훈련.

③ 가계부 분석 프로젝트

활동 내용 한 달간 가상의 가계부 데이터를 제공받거나 직접 기록합니다.

성과물 불필요한 지출, 절약 가능 항목, 저축·투자 비율을 분석한 '재무 개선 제안서'.

발표 주제 "회계 지식이 일상생활에 어떻게 도움이 되는가?"

학습 포인트 회계 지식이 개인의 재무관리와 소비 습관 개선에 어떤 영향을 주는지 체감.

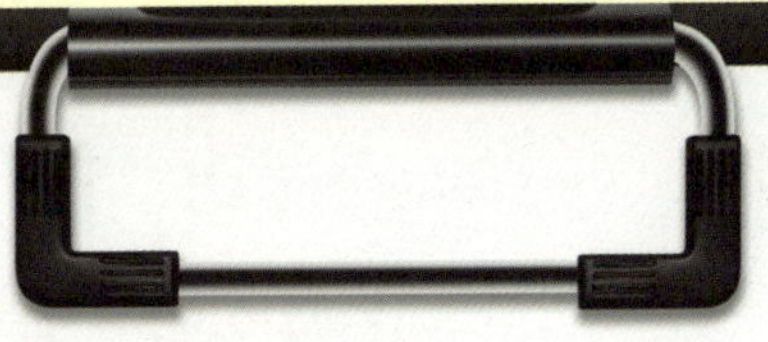

4 회계·감사 윤리 토론회

활동 내용 "회계사는 기업의 부정행위를 알게 되었을 때 어떻게 해야 할까?" 같은 윤리적 딜레마 상황 제시.

성과물 찬반 토론 정리 및 발표.

학습 포인트 공인회계사의 윤리, 법적 책임, 사회적 역할을 탐구하고 자신의 가치관을 정립.

⑤ 직업 인터뷰 과제

활동 내용 주변의 회계사, 은행원, 재무팀 직원, 창업가 등 회계·재무 관련 직업인을 찾아가 인터뷰.

성과물 직업별 회계 활용 사례 정리 및 발표.

학습 포인트 회계 지식이 다양한 직업군에서 어떻게 쓰이는지 실질적으로 이해.

청소년들의 진로와 직업 탐색을 위한
잡프러포즈 시리즈 83

숫자에 신뢰를 부여하는

공인
회계사

2026년 1월 5일 | 초판 1쇄

지은이 | 전태웅
펴낸이 | 김민영
펴낸곳 | 토크쇼

편집인 | 김수진
표지디자인 | 이든디자인
본문디자인 | 문지현
홍보 | 이예지

출판등록 | 2016년 7월 21일 제 2023-000173호.
주소 | 서울시 마포구 월드컵북로98, 2층 202호
전화 | 070-4200-0327
팩스 | 070-7966-9327
전자우편 | myys327@gmail.com
ISBN | 979-11-94260-65-3(43190)
정가 | 15,000원